F1193

AF459603

LES PRINCIPES

DE LA

SOCIÉTÉ FRANÇAISE

AU XIXe SIÈCLE

PAR

M. L'ABBÉ CONSTANTIN DE PIÉTRI

AUMÔNIER DU SÉNAT

> Ce n'est que par l'autorité des principes, d'où découlent toutes les lois, qu'un gouvernement peut établir l'union parmi les hommes.

4e ÉDITION REVUE

PARIS

PAUL DUPONT, ÉDITEUR

41, RUE J.-J. ROUSSEAU (HÔTEL DES FERMES).

1870

LES PRINCIPES

DE

LA SOCIÉTÉ FRANÇAISE

AU XIXe SIÈCLE

5038

6388

IMPRIMERIE GÉNÉRALE DE CH. LAHURE
Rue de Fleurus, 9, à Paris

LES PRINCIPES

DE

LA SOCIÉTÉ FRANÇAISE

AU XIXe SIÈCLE

PAR

M. L'ABBÉ CONSTANTIN DE PIÉTRI

AUMÔNIER DU SÉNAT

Ce n'est que par l'autorité des principes, d'où découlent toutes les lois, qu'un gouvernement peut établir l'union parmi les hommes.

4e ÉDITION REVUE

PARIS

PAUL DUPONT, ÉDITEUR

41, RUE J.-J.-ROUSSEAU (HÔTEL DES FERMES).

1870

AUX HOMMES DE CE TEMPS-CI

DONT LA RAISON,
COMME CELLE DE LEURS PRÉDÉCESSEURS,
EST BIEN CERTAINEMENT UNE IMAGE
ET UNE ÉTEINCELLE
DE LA RAISON PREMIÈRE ET ÉTERNELLE,

HOMMAGE DE LEUR TRÈS-HUMBLE SERVITEUR,
QUI N'A FAIT,
DANS SA MODESTE PUBLICATION,
QUE RÉSUMER LES TRAVAUX DE SES DEVANCIERS.

L'abbé C. de P.

AVERTISSEMENT.

Pendant que la France, à peine sortie des convulsions anarchiques, travaille de concert avec son gouvernement à développer l'instinct moral de ses enfants et à le diriger vers le bien, comme aussi à assurer, par les meilleurs moyens, la félicité publique et privée, nous croyons entrer dans ses vues en publiant cet écrit, qui traite des vérités nécessaires au salut de notre société, et à l'avancement et au perfectionnement de notre nature.

Ces vérités, qui intéressent immédiatement tous les hommes, et qui peuvent être appliquées aux sociétés humaines, quelle que soit d'ailleurs leur forme politique, sont celles que le christianisme a enseignées au monde. Nous nous sommes permis de les examiner au flambeau de la raison, non pour les rejeter si elles ne nous paraissaient pas conformes à nos faibles lumières, mais pour en rendre compte à nous-même et aux autres; pour les confronter avec les sciences et le bon sens; pour répondre aux objections; pour rendre ces vérités évidentes à la prévention qui les repousse.

Ce n'est pas tout. Afin de mettre ces mêmes vérités à la portée de toutes les intelligences, et de les faire goûter de ceux même qui lisent autant pour leur plaisir que pour leur instruction, nous avons trouvé bon également de les dégager de tout esprit de système, de les dépouiller de tout air scientifique qui tue les gens du monde, en les faisant voir naissant de la dispute à la faveur de trois personnages que nous avons mis en scène, et qui, par un dessein premier et unique, gardent sur chaque objet une certaine mesure, tout en allant au fond des choses.

Il nous a semblé utile aussi de présenter à la fin de la discussion, sous forme de pensées, les corollaires de l'existence de Dieu et de l'immortalité de l'âme. Ces corollaires seront d'un merveilleux secours pour fixer l'imagination de tous ceux qui, n'ayant pas l'habitude des hautes pensées, ont grand besoin de se retremper dans la méditation. Car c'en serait fait de leur vie morale, qui se compose de raison pure, s'ils s'arrêtaient au sein de la vie physique, au lieu de tendre sans cesse vers la perfection de l'esprit.

Enfin, nous avons pensé qu'on nous saurait gré d'avoir enrichi cet écrit de notes empruntées à des écrivains dont l'autorité doit être d'un très-grand poids aux yeux des incrédules. Ces notes, que nous avons rejetées à la fin de l'ouvrage, pour ne rien faire perdre de sa vivacité à la discussion, ni au dialogue de son action, nous paraissent avoir non-seulement l'avantage de compléter nos propres idées en les éclairant, mais encore de s'appliquer à d'autres objets, et de mettre sur la voie de nouvelles hypothèses.

Voilà ce que nous avons fait pour rendre cet écrit intéressant pour tous. Mais nous l'avouons, il ne pourra jamais être lu comme un roman, par la raison qu'il ne s'adresse ni à l'imagination ni au sentiment, mais à l'entendement, à qui il a été donné de s'élever à des hauteurs sublimes, de planer sur les générations, les siècles et les mondes.

Nous avons hâte de laisser la parole à nos interlocuteurs, et nous finissons en exprimant le désir de voir les dépositaires des traditions apostoliques jeter un regard paternel sur notre travail, qui nous paraît si propre à concourir à l'œuvre de moralisation populaire qui est le but de leurs persévérants efforts.

Nous souhaitons aussi qu'il soit trouvé par la presse, cette révélation quotidienne et universelle de tous par tous, comme l'appelle M. de Lamartine, digne d'arrêter les regards et l'attention du public.

Depuis que ce livre a été publié, des journaux de la capitale et des provinces ont bien voulu lui accorder un souvenir plein de bienveillance, et deux illustres prélats français ont daigné l'honorer de leurs suffrages.

Quelque flatteurs que soient pour nous ces suffrages, nous n'hésitons pas à les produire ici en faveur de tant de pieux chrétiens qui se sont imposé pour règle de ne lire que des ouvrages irréprochables en ce qui touche la foi et les mœurs.

« Je désire (*ce sont les paroles de S. E. Mgr. le cardinal Donnet, archevêque de Bordeaux*) que ce livre trouve de nombreux lecteurs, car il s'adresse aux incroyants pour les convaincre, et aux croyants pour les affermir dans la foi. La vérité de la religion y est établie d'une manière solide et lumineuse, et les raisonnements de la science s'y produisent avec des accents qui respirent la piété..... »

« Ce que j'ai lu des entretiens philosophiques (*ces autres paroles sont de Mgr. de Mazenod, évêque de Marseille*) m'a paru dicté par la connaissance des besoins de notre époque. Je ne doute pas que votre écrit ne soit très-utile aux personnes qui sauront consacrer quelques instants à sa lecture. Elle leur offrira, si elles ont participé aux erreurs de leur siècle, un véritable secours pour connaître la vérité, s'y attacher de cœur et en mettre en pratique les enseignements. Quoique je ne connaisse encore qu'une partie de votre ouvrage, je veux, avant même d'en avoir achevé la lecture, vous féliciter sur l'esprit de zèle qui vous a inspiré d'entreprendre ce travail, et vous souhaiter le succès auquel vous aspirez pour le bien de tant d'âmes. »

Pour montrer maintenant que la lecture de notre écrit peut être profitable même aux esprits les moins cultivés, qu'il nous soit permis de citer les paroles suivantes, qui nous ont été écrites par M. Montbel, aumônier de la maison centrale de Nîmes :

« J'ai trouvé cet excellent ouvrage si propre à inspirer des sentiments généreux et chrétiens à mes détenus, si approprié à leurs dispositions morales et intellectuelles, qu'il semble presque avoir été composé pour eux. Aussi, depuis près d'un mois en fais-je chaque jour la lecture publique dans la chapelle à trois ou quatre cents de mes prisonniers, en leur expliquant de temps en temps certains passages qui me paraissent au-dessus de leur portée. Votre ouvrage étant fait en forme de dialogue, la lecture n'en est que plus agréable et plus attrayante. .... »

Puisse donc notre modeste écrit, que nous avons revu et accru de quelques additions importantes, faire partie de toutes les bibliothèques, et même être compris parmi les livres destinés à être donnés en prix dans les établissements d'enseignement public! S'il fait un peu de bien, c'est à Dieu seul qu'il faudra nécessairement l'attribuer.

Après avoir revu cet écrit pour la troisième fois, nous espérons qu'il sera accueilli avec une bienveillance universelle, surtout à cause des vérités de premier ordre qui y sont traitées.

Ces vérités, on ne saurait trop les méditer à l'époque où nous sommes, et qui est, bien certainement, une époque de renouvellement social. Il est utile pour tous que ce renouvellement se fasse partout avec le Christianisme et par le Christianisme. « Il y a longtemps que « je pense, nous écrivait M. de Chateaubriand, « le 23 octobre 1839, à l'occasion d'un opus-

« cule dont nous lui avions fait hommage, « il y a longtemps que je pense que le Chris- « tianisme doit marcher à la tête des sociétés, « et que loin d'être opposé aux lumières, il « en augmente l'éclat et les agrandit. »

Que si, dans l'organisation nouvelle des sociétés, on essayait de lui prendre sa morale si pure et si parfaite pour l'enseigner au monde au nom de la raison ou d'un Dieu inconnu, on tenterait une entreprise insensée autant que funeste : une entreprise insensée, puisqu'il ne serait pas plus aisé d'implanter ainsi dans le cœur humain une seule de ses maximes, que de bâtir un édifice dans les airs ; une entreprise funeste, puisque ce qui doit être la règle immuable de la volonté ne serait accepté par tout homme qui pense que comme un héritage sous bénéfice d'inventaire. — Que les fabricateurs de systèmes religieux y prennent donc garde !

I

DES VÉRITÉS A ÉTABLIR DANS TOUT LE RESTE DE CET OUVRAGE.

LE PROLÉTAIRE.

Nous vieillissons, malgré notre passion pour un bien-être inconnu qui ne vieillit pas. Mais pensez-vous qu'il en soit de même des sociétés ?

LE MISSIONNAIRE.

Je ne le crois pas, puisqu'elles ne sont pas absolument, à cet égard, dans le même cas que nous qui n'entrons dans la vie que pour en sortir ou plutôt pour nous élancer hors des limites du temps dans une vie sans fin.

LE PHILOSOPHE (*).

Je suis en cela de votre avis : il ne faut pas juger d'une société comme d'un homme à qui le destin n'a donné que si peu de temps pour végéter, sentir et penser.

LE PROLÉTAIRE.

Pour en venir à notre société, il est certain qu'elle a été violée par les passions ; mais ce qui ne l'est pas moins, selon moi, c'est que son ancien droit politique n'a pu la sauver de la destruction, ou du moins la défendre contre la loi du progrès. Maintenant qu'il s'agit de la relever et de la raffermir en substituant à son ancien droit politique un droit nouveau, droit fondé sur l'égalité de nature, et par conséquent sur la conscience des peuples chrétiens, vous plairait-il, ô homme de Dieu, d'entrer avec notre philosophe dans une discussion approfondie des grands principes de ce nouveau droit. Car pour moi, qui appartiens à cette classe la plus pauvre et de beaucoup la plus nombreuse, qui a conquis enfin l'égalité civile et politique, je n'ai pu jusqu'ici que soupçonner l'existence des principes anté-

(*) Abusivement pour esprit fort, incrédule.

rieurs et supérieurs aux ordres que nous recevons de nos magistrats. Seulement je désirerais prendre part au débat et en diriger en quelque sorte la discussion, puisque c'est pour mon instruction que vous daigneriez entrer en lice avec notre savant contradicteur.

LE MISSIONNAIRE.

Ces grands principes, dont vous voudriez avoir la démonstration, sont sans doute la fraternité humaine, la liberté et l'égalité devant la loi, le droit de suffrage, l'inviolabilité de la propriété et l'instruction publique.

Mais, croyez-le bien, sans le principe spiritualiste et chrétien, qui nous montre ailleurs le terme de nos destinées, la fraternité de notre société ne serait qu'une fraternité sans dévouement; son égalité, une moquerie pour les forts et une dérision pour les faibles; et sa liberté, un plus dur esclavage pour les artisans, les indigents et les prolétaires.

Or ce n'est pas une petite affaire que de disserter sur de tels sujets, où il faut s'exprimer avec animation et en même temps avec une grande tranquillité d'esprit, pour ne pas dissiper ses pensées, qui finiraient bientôt par tourner en une espèce d'extravagance.

Cependant si notre philosophe partage votre désir, loin de reculer devant ces questions, je les aborderai avec la confiance que donne la force de la vérité.

LE PHILOSOPHE.

J'accepte le débat dans les termes posés par notre brave citoyen : vous vous efforcerez d'établir vos principes, et moi je me bornerai à vous faire des objections qui pourraient bien vous pousser à bout et vous persuader qu'on ne peut rien démontrer. Je me trompe, ce qu'on peut démontrer, à l'égal d'un problème de mathématiques, c'est la nécessité de la force pour faire subsister la société. Aussi est-ce la force, employée à propos par les hommes d'État, qui a toujours sauvé les sociétés, en les préservant, aux différents âges du monde, des doctrines communistes qui apparemment supposent la nature humaine autrement faite qu'elle n'est, quoique leurs sectateurs, égarés sans doute par leur imagination, ne rêvent cependant que le bonheur de cette même nature.

LE MISSIONNAIRE.

Sans vouloir parler de ces temps où les doctrines les plus étranges qui se répandent dans le monde, semblent en menacer l'existence, et encourager ceux qui en dirigent les destinées à des coups hardis qu'il n'est pas de notre sujet d'apprécier ici, qu'il nous suffise de savoir que les vrais hommes d'État sont si convaincus que ce n'est pas la force, mais la justice et la charité qui doivent être le lien et le fondement de l'état social, que dans des crises politiques ils en appellent à leur pays afin d'être autorisés à faire des lois plus en harmonie que les précédentes avec ses mœurs, ses idées et ses besoins.

LE PROLÉTAIRE.

Il est donc à propos maintenant de discuter ensemble non-seulement sur les vérités qui traitent de l'organisation sociale, mais encore sur celles qui ne finissent pas pour nous avec cette vie.

LE MISSIONNAIRE.

Or donc, puisqu'il s'agit d'aborder et de débattre, sur le terrain philosophique, les plus hautes questions de la politique et de la religion, dont aucune société ne peut s'affranchir sans tomber en poussière, nous commencerons par établir la vérité de l'existence de Dieu ; nous essayerons ensuite de connaître quel il est, et comment il se manifeste dans la création. Après, nous passerons à l'examen de la nature humaine; nous chercherons à nous assurer si elle est un reflet de l'intelligence souveraine qui préside à nos destinées comme à l'univers ; et si cette vie misérable et passagère tient à une vie heureuse et sans fin. Nous aborderons alors la question religieuse, et nous traiterons spécialement du christianisme ; nous choisirons le fait de la résurrection de son fondateur comme étant ce qu'il y a de plus démonstratif et de plus entraînant pour nos convictions. Il sera bon aussi de parler des moyens d'accomplir la loi de l'amour de Dieu et du prochain. Après avoir préparé ainsi nos esprits à juger des vérités sociales, nous traiterons de la fraternité, qui est le fondement de l'égalité et de la liberté entre les hommes ; nous discuterons ensuite la question de l'égalité et de la liberté. Nous arriverons après au droit d'élection, et au droit de propriété dont on rencontre l'origine dans la liberté et dans l'activité humaine. Nous parlerons aussi de l'enseignement qui est une autre conséquence de ces mêmes principes. Enfin nous examinerons sur quel fondement doit reposer l'institution sociale.

LE PROLÉTAIRE.

Toutes ces questions, qui sont si célèbres, me paraissent se suivre très-naturellement, comme elles s'expliqueront sans doute très-clairement.

LE MISSIONNAIRE.

Vous en jugerez vous-même. Je ne veux pas que vous me croyiez sur la foi de mes paroles; les faits parleront.

LE PHILOSOPHE.

C'est là le seul moyen de convaincre, s'il peut être facilement ou heureusement employé.

Mais nous allons voir comment vous pourrez résoudre toutes ces questions de droit social, philosophique et religieux, qui n'ont guère été posées jusqu'ici d'une manière fort claire.

LE MISSIONNAIRE.

C'est ce qu'il me semble du moins pour le but que je me propose.

LE PHILOSOPHE.

Et qui est?...

LE MISSIONNAIRE.

De mettre l'institution sociale en rapport avec l'institution divine et chrétienne.

LE PROLÉTAIRE.

Ce but est digne de votre sainte et divine mission. Mais comme, pour traiter toutes les questions qui s'y rattachent même avec sobriété, et tout en allant le plus droit et le plus vite possible aux conclusions, il nous faudra plusieurs jours en parlant plus d'une heure par jour, voulez-vous que nous remettions à demain le débat ?

LE MISSIONNAIRE.

Oui ; et il roulera sur la première et la plus importante des vérités dont la lumière éclaire tout homme venant au monde, et qui n'a jamais apparu dans les mythologies religieuses, dans les inventions poétiques et dans les traditions de l'ancien monde, aussi pure, aussi immuable, aussi dégagée de tout élément terrestre que dans la Bible.

II

DE L'EXISTENCE DE DIEU.

LE MISSIONNAIRE.

La question de l'existence de Dieu est la première par son importance ; on peut même dire que de cette seule question dépendent toutes les autres vérités que nous aurons à établir dans le cours de nos instructions.

Nous n'examinerons point ici si, depuis la déchéance de notre nature, déchéance que toutes les nations ont exprimée de tout temps par leurs regrets sur la perte d'un état heureux appelé l'âge d'or, nous aurions pu arriver à la con-

2

naissance de Dieu par nos propres forces et sans y être portés par une force surnaturelle.

Ce qu'il nous importe de savoir, et ce qui est hors de doute, c'est qu'antérieurement à cette connaissance de Dieu, nous en avons tous l'idée en naissant et même dans le sein de notre mère. Il est vrai que ce n'est pas une idée actuelle, mais une idée à l'état latent ou en puissance, c'est-à-dire qu'elle réside dans notre âme sans que nous en ayons la perception. C'est encore en cette sorte que la portent les enfants, les idiots et les sauvages, qui ne paraissent pas non plus avoir conscience de leur propre existence dont il est impossible de douter si peu que l'on se connaisse soi-même.

Ce qui n'est pas moins incontestable, sans examiner davantage si c'est grâce à la révélation primitive qui se serait conservée plus ou moins altérée, même parmi les peuples les plus sauvages de l'ancien et du nouveau monde, c'est que le genre humain, qui a regardé de tout temps les athées comme des monstres dans le monde moral et intelligent, a toujours cru en Dieu, non-seulement par raisonnement, mais encore par sentiment et même par une intelligence vive et lumineuse. Mais quoique cette connaissance, qui nous vient du sentiment et de l'intuition, soit aussi ferme que celle qui nous est fournie par la force et l'évidence du raisonnement, nous ne ferons parler ici que la raison que notre philosophe ne refuse pas d'écouter.

LE PHILOSOPHE.

Je ne mériterais pas que l'on me fît l'honneur de disputer avec moi, si je ne faisais pas profession d'examiner les choses et de les peser à la balance de la raison qui doit nous servir de règle invariable.

LE PROLÉTAIRE.

Pour moi, j'aime aussi à vous voir établir la question sur la raison, qui porte toujours la lumière et la conviction avec elle, qui trouble nos passions quand nous nous y abandonnons, et à laquelle nous ne pouvons renoncer sans descendre au-dessous de la brute.

LE MISSIONNAIRE.

Puisque nous nous piquons tous de raisonner, et Dieu veuille que ce ne soit jamais pour bannir la raison, je dis que c'est la seule évidence et la certitude des choses qui nous force d'acquiescer à l'existence de Dieu, et qu'il nous est impossible de la nier cette existence, sans nier à la fois la raison, les lois de la nature et celles de la société.

LE PHILOSOPHE.

Voilà qui me paraît un peu fort.

LE MISSIONNAIRE.

Rien de plus vrai. Et premièrement, ne serait-ce pas nier la raison, cette lumière qui illumine tout homme venant en ce monde, que d'admettre, par exemple, que les plantes, les animaux et les hommes, se sont faits d'eux-mêmes ; ou bien qu'ils dérivent de toute éternité les uns des autres dans un progrès à l'infini de causes secondes ou dépendantes sans aucune cause première et originale, existante par elle-même?

Deuxièmement, ne serait-ce pas nier les lois de la nature, si connues depuis un si grand nombre de siècles, que de supposer la matière se mouvant d'elle-même; les globes, qui roulent dans l'espace, produisant directement et par leur propre nature l'harmonie universelle; les rapports des êtres vivants et de toutes les parties de l'univers s'établissant sans l'intervention d'une intelligence éternelle et puissante?

Enfin, ne serait-ce pas nier les lois de la société, établie sur les idées fondamentales de droit et de devoir, que de reconnaître une justice qui n'aurait pas sa source, son principe, dans un être souverainement juste et éternel; et que l'homme pourtant n'a pas créée, puisque la justice, dont la pensée vient du dedans et non du dehors, et dont le sentiment est inhérent à sa nature, est entièrement indépendante de sa volonté, susceptible du bien et du mal?

LE PHILOSOPHE.

Les matérialistes, et tous ceux qui n'ont pas le bonheur d'être persuadés de l'existence de Dieu, ne sont pas assez déraisonnables pour supposer que ce qui est s'est fait de soi-même; car ils sentent fort bien que pour se donner l'existence il faudrait être et n'être pas en même temps. Ils ne poussent pas non plus l'extravagance jusqu'à admettre que tout être tire son existence et son commencement d'un autre être qui a également reçu ce qu'il donne, et ainsi à l'infini, sans qu'il existe de toute éternité une source, un principe de toutes les existences. Mais ils osent soutenir l'éternité de la matière. C'est elle, disent-ils, qui a produit tout ce qui existe et qui conduit tout le reste de l'univers. Les mouvements des corps célestes ne sont qu'un effet accidentel ou même nécessaire de ses simples forces motrices et de leurs différentes combinaisons. La pensée de la justice ou plutôt la pensée en général n'est elle-même qu'une propriété de sa force secrète qui agit éternellement dans cet assemblage toujours périssant et toujours produit qu'on appelle nature.

LE MISSIONNAIRE.

Ils le disent sans le prouver. Ce que nous pourrions soutenir, nous, c'est que la matière n'est pas éternelle, et que quand elle le serait, elle n'aurait jamais pu produire des êtres vivants et organisés, ni même se mouvoir, et encore moins agir d'après des fins, et que la pensée et l'intelligence ne sauraient être le produit du jeu de ses éléments.

LE PROLÉTAIRE.

Ce sont de ces choses que je désirerais fort de voir démontrer autant qu'elles peuvent l'être. Ne craignez donc pas de laisser rouler là-dessus vos pensées et vos paroles, surtout à cause de l'importance du sujet.

LE MISSIONNAIRE.

Eh bien! ce qui doit d'abord nous faire sentir que la matière n'est pas éternelle, c'est qu'elle n'est pas une unité substantielle, indivisible, inaltérable, mais une pluralité variée, fractionnée, ayant pour éléments des points ou atomes de diverse nature, sans étendue, sans parties, mais qu'on peut toujours diviser par la pensée; et qui s'attirent et se repoussent réciproquement, sans pouvoir jamais arriver à un contact immédiat; en sorte qu'il n'y a pas moyen de trouver dans la nature de la matière si multiple un fondement, une raison, pourquoi elle existerait plutot qu'elle n'existerait pas. Que dis-je? On trouve, au contraire, que si aucune de ses parties n'existe nécessairement, le tout non plus ne peut exister nécessairement. Pourquoi? Parce que la nécessité absolue d'exister n'est pas une chose extérieure, relative, accidentelle, mais une propriété essentielle de ce qui existe par soi-même, en vertu de sa nature. Ce n'est qu'en sortant des bornes de la matière pour entrer dans l'infini qu'on peut la concevoir, et trouver les fondements ou les raisons de son existence.

LE PHILOSOPHE.

Il paraît que la chose n'a pas paru ainsi aux anciens philosophes, qui ont cru à l'éternité de la matière, et qui ont même enseigné l'éternité du monde. L'un des plus anciens d'entre eux, Ocellus Lucanus, dit « qu'il ne peut être engendré ni se corrompre, qu'il n'a ni commencement ni fin, qu'il est éternel par lui-même, parfait et permanent à jamais. » Il ajoute enfin « que la forme et les parties de l'univers doivent nécessairement être éternelles, aussi bien que sa substance et sa matière. »

Ainsi, d'après les auteurs anciens, le monde existe nécessairement et par lui-même, sans être l'ouvrage d'un agent supérieur distinct de la matière.

LE MISSIONNAIRE.

Quoi qu'il en soit de cette opinion des plus beaux génies de l'antiquité, qui n'ont pas compris que la matière a dû, ainsi que l'indique l'Écriture sainte, être l'ouvrage d'une intelligence et lancée par elle à travers l'espace, toujours est-il vrai de dire que nos athées modernes ne sauraient se prévaloir de l'autorité de leur nom, puisque la plupart d'entre eux, bien loin de nier l'existence de Dieu et de porter atteinte à son pouvoir et à ses autres attributs, en ont parlé, au contraire, dans les termes les plus magnifiques.

LE PROLÉTAIRE.

Mais tout cela pourrait nous mener trop loin. Voyons donc, quand il ne serait pas possible de décider par la raison que la matière n'est pas éternelle, voyons comment elle n'a pu, premièrement, produire des animaux vivants et organisés qui, bien évidemment, n'existent pas nécessairement, en vertu de leur propre nature.

LE MISSIONNAIRE.

C'est qu'il n'y a point de naissances spontanées dans la nature, que rien ne s'y fait que par développement et avec germe, et que la génération est la voie, la condition essentielle à la vie des êtres, ou à leur naissance, qui n'est rien moins qu'une suite de créations successives qui s'opèrent par l'effet toujours le même de la volonté créatrice.

Du reste, quand on mettrait en avant, contre l'opinion de presque tous les naturalistes, et nommément de Cuvier, que les matières végétales produisent immédiatement des animalcules, on serait forcé de reconnaître, avec Cabanis lui-même, que ce ne sont que des animalcules dépourvus de nerfs et de cerveau.

Or, dans le système athée, par quel moyen se seraient produits les corps organisés dont il s'agit ici?

LE PHILOSOPHE.

On a dû supposer qu'à l'origine des choses, la matière avait une activité et une puissance supérieures à celles qu'elle peut manifester de nos jours; et que les êtres primitifs sont éclos par les seules forces des agents physiques, de la chaleur du soleil et de l'humidité de la terre; et que si l'on n'en voit plus paraître aujourd'hui au moins d'informes ébauches dans les contrées où l'énergie de la matière est dans des conditions favorables avec la chaleur, c'est que la terre a perdu de sa fécondité.

LE MISSIONNAIRE.

Oui vraiment, c'est une nécessité inévitable qu'il en soit ainsi pour ceux qui ne veulent pas de Dieu. Mais sans revenir sur ce qui a été dit : qu'aucune observation directe ne nous autorise à admettre, pour parler le langage de Cuvier, la formation d'un corps vivant de toutes pièces, c'est-à-dire par la réunion de molécules rapprochées subitement, ne serait-ce pas donner des âges au monde, admettre implicitement la création, et résoudre affirmativement la question de l'existence de Dieu, sans lequel rien n'aurait pu exister ni se produire?

LE PROLÉTAIRE.

C'est bien en effet à cette conséquence décisive qu'on est forcément conduit, alors même que pour y échapper on forge des systèmes qui ne sont que des rêves produits par l'imagination en délire. Cependant, s'il faut tenir pour constant que la matière qui compose cet univers n'a pu produire, par sa propre énergie, des animaux vivants et organisés, est-il également certain que le mouvement qu'elle a dans sa totalité, elle ne se l'est pas donné à elle-même, ou qu'elle ne l'a pas par elle-même?

LE MISSIONNAIRE.

En examinant la question à ce double point de vue, il ne nous est pas possible d'abord d'imaginer que la matière se soit donné le mouvement, non-seulement parce qu'elle n'a rien dans son tout, de l'organisation d'un corps vivant et animé, mais encore parce qu'elle est passive, inerte, ne renfermant en soi aucune énergie particulière qui la détermine à se mouvoir dans un sens plutôt que dans un autre ; de plus, parce qu'elle est toujours égale en elle-même, ne se modifiant en rien elle-même, n'agissant en rien, mais recevant toutes les modifications des corps.

Nous ne pouvons supposer davantage que la matière ait par elle-même le mouvement. Premièrement, parce que le mouvement ne tient pas tellement à son essence qu'elle ne puisse en être privée sans cesser d'exister, car on peut la concevoir en repos. Ensuite, parce qu'il n'est pas le même en chaque portion de la matière, ni en même degré, qu'il peut augmenter ou diminuer; ce qui serait impossible, si la matière se mouvait par nécessité, vu qu'on ne peut perdre ni changer ce que l'on possède par la nécessité de sa nature. Enfin parce que toute son activité, si tant est que c'en soit une, se réduit à recevoir le mouvement et à le transmettre, sans pouvoir le modifier, l'accélérer ou le retarder; en sorte qu'un point en repos, s'il est sollicité par une force quelconque, et ensuite abandonné à lui-même, se meut constamment, comme le remarque Laplace, d'une manière uniforme dans la direction de cette force.

Cependant si une expérience certaine et un raisonnement invincible nous forcent de reconnaître qu'il n'y a rien qui n'ait sa cause, rien qui n'ait une raison de sa manière d'être, ne faut-il pas en conclure que le mouvement de la matière, considéré dans l'universalité des effets ou l'univers, est dû à l'action d'une cause active, immatérielle, qui n'est autre chose que la volonté toute-puissante de Dieu?

LE PROLÉTAIRE.

Cette conclusion est juste. C'est ainsi qu'en voyant un corps en mouvement nous jugeons aussitôt ou que c'est un corps animé, ou que le mouvement lui a été communiqué.

LE PHILOSOPHE.

Ce qui vous paraît très-vrai n'a pas paru tel à des savants qui n'admettent pas plus que vous de mouvements spontanés dans l'univers. Voici comment ils raisonnent à l'égard du mouvement qui est dans l'univers. Ils disent « que tout effet suppose une cause qui le produit nécessairement, parce que si la cause est suffisante, elle produira immanquablement son effet; et si elle n'était pas suffisante, elle ne serait pas cause. » Ainsi, ajoutent-ils : « Tout corps qui est mû, est mû par un autre corps, le second par un troisième, et ainsi de suite à l'infini. » Ils soutiennent, « que la nature elle-même n'est qu'un cercle de mouvements donnés et reçus suivant des lois nécessaires. » (*Syst. de la nat.*, t. I, c. II, IV, VII, etc.)

LE MISSIONNAIRE.

Je ne sais si vos savants s'entendent eux-mêmes. Mais il me semble que tout ce qu'ils disent à ce sujet revient à ceci : que le mouvement est essentiel à la matière. Quoique nous ayons réfuté par avance leur argument, nous ferons observer encore que si le mouvement était nécessairement dans la matière, elle se trouverait déterminée de tous côtés à la fois, d'où il résulterait un repos éternel, sans qu'il y eût et qu'il pût y avoir jamais de mouvement communiqué, de mouvement dans une direction quelconque.

LE PROLÉTAIRE.

Sans doute. Mais que de prétendus savants tournent tant qu'ils voudront dans un cercle vicieux ou conçoivent, s'ils le peuvent, la matière productrice du mouvement; pour moi, qui sais que mon corps est mû par ma volonté, sans connaître, il est vrai, le comment, je n'ai pas de peine à croire qu'une volonté toute-puissante meut l'univers.

LE MISSIONNAIRE.

Le mieux donc à présent est de nous élever à la connaissance de cette même vérité par l'ordre qui règne dans la nature, et qui ne saurait non plus avoir pour cause la matière, puisque, comme nous l'avons déjà établi, elle ne peut agir d'après des idées de fins.

LE PROLÉTAIRE.

Fort bien. Mais comment allez-vous démontrer cette vérité?

LE MISSIONNAIRE.

Par les corps célestes qui marchent, dit l'Écriture, comme en ordre de bataille; et par les rapports de toute espèce qui éclatent entre notre planète et l'astre qui nous éclaire.

Parlons d'abord de la marche des corps célestes.

En les considérant avec attention, nous les

voyons non-seulement se mouvoir avec ordre, mais tendre vers un but général. Nous voyons les étoiles, dont la distance est si prodigieuse que les plus forts télescopes n'ont jamais pu augmenter leur grandeur, et qui doivent être des soleils, entourés comme le nôtre d'un système planétaire plus ou moins étendu, se porter lentement, par un mouvement propre, d'occident en orient. Nous voyons les planètes, globes opaques, qui réfléchissent tranquillement et sans scintillation la lumière du soleil, se mouvoir aussi, autour de cet astre, d'occident en orient. Nous voyons les satellites, unis aux planètes comme des familles par une sorte de parenté, également en mouvement d'occident en orient. Nous voyons enfin le soleil lui-même se porter, par un mouvement propre, en sens inverse du mouvement diurne, d'occident en orient. Nous ne pouvons donc nier qu'il n'y ait dans la marche des corps célestes une unité de dessein manifeste.

Mais comment des forces aveugles et sans intention pourraient-elles agir avec un dessein suivi et conspirer dans leurs variétés infinies à un but unique?

« Il y a plus de deux cent mille milliards à parier contre un, dit l'astronome Laplace, que des phénomènes aussi extraordinaires ne sont point l'effet du hasard; ce qui forme une probabilité bien supérieure à celle de la plupart des événements historiques dont nous ne doutons point. Nous devons donc croire, au moins avec la même confiance, qu'une cause primitive a dirigé les mouvements planétaires. » (*Exposit. du système du monde*, liv. V, ch. VI.)

LE PROLÉTAIRE.

Je suis ravi d'apprendre que le langage, par lequel le monde publie la gloire de Dieu, se soit fait entendre aux astronomes comme aux peuples les plus sauvages; car il me semble bien plus aisé de voir Dieu tout d'un coup, d'un seul regard, que par progrès de raisonnement.

LE PHILOSOPHE.

Cela peut être. Mais que les astronomes admirent tant qu'ils voudront la régularité des mouvements des astres; toujours est-il qu'ils ne roulent pas tous au sein de l'espace dans le même sens et dans le même plan : témoin les comètes qui n'affectent point la direction d'occident en orient, et qui sont pourtant des corps permanents et non des météores engendrés dans l'atmosphère, comme on l'avait cru autrefois, et dont les orbes autour du soleil sont fort allongés, tandis que ceux des planètes et des satellites offrent peu d'excentricité. Comment dès lors voudrait-on prétendre que les corps célestes sont soumis à une loi et à une cause qui les dominent tous ?

LE MISSIONNAIRE.

Cette remarque vient à propos. Elle sert à prouver d'une autre façon, contre Spinosa et ses pareils, que tout n'est pas conduit par une aveugle fatalité, et qu'il n'y a aucune apparence de nécessité absolue dans le cours constant et uniforme des planètes d'occident en orient, mais que c'est tout simplement une affaire de choix et de sagesse.

LE PROLÉTAIRE.

Pour mon compte, je ne vois même rien que de parfaitement arbitraire dans les mouvements de rotation des astres, et je conçois fort bien qu'ils auraient pu être tout à fait différents de ce qu'ils sont aujourd'hui, sans parler que leur nombre aurait pu être également plus grand ou plus petit, et leur mouvement sur leurs axes plus rapide ou plus lent.

Mais pour venir à notre planète qui nous touche de plus près, et qui semble avoir été le théâtre de grands bouleversements qui ont servi à ramener les choses au point où elles se trouvent, que nous direz-vous?

LE MISSIONNAIRE.

Qu'il n'y a rien de plus admirable que les rapports qui éclatent entre la planète que nous habitons et l'astre qui nous éclaire. Pour nous en convaincre, remarquons d'abord que de même que les autres planètes, elle a deux mouvements, celui de rotation sur son axe et celui de translation autour du soleil, en vertu de la loi générale suivant laquelle les petits corps circulent autour des grands dont ils sont voisins.

Voyez comme elle se tient constamment à une distance proportionnée aux influences qu'elle doit recevoir ! Avec quelle régularité elle lui présente tour à tour ses diverses faces pour en tirer une variété de température nécessaire à sa fécondité ! Dans quelle juste proportion elle fournit, par ce moyen, à tous les corps vivants, formés à l'aide des combinaisons à l'infini du feu, de l'air, de l'eau et de la terre, tout ce qui est nécessaire à leur développement, à leur accroissement et à leur reproduction ! Et pourtant elle se meut avec une vitesse d'environ dix-neuf milles par seconde, pendant qu'elle parcourt son orbe elliptique autour du soleil !

Si dans cette révolution qu'elle exécute journellement, et qui lui fait changer la direction de son mouvement à chaque instant, elle rencontrait le moindre obstacle, elle se briserait ; ce ne serait plus qu'une masse de matière incandescente, si elle approchait un peu plus de son soleil ; elle serait livrée aux glaces de la mort, si elle s'en éloignait tant soit peu. Plus dure, la main de l'homme ne pourrait la cultiver ; moins dure, il enfoncerait partout. Il périrait mille fois, si l'air qu'il respire était plus épais ou plus subtil ; ou si une puissance invisible n'excitait et n'apaisait tour à tour les tempêtes de l'air dont celles de la mer ne sont que le retentissement.

LE PROLÉTAIRE.

Tout cela en effet suppose des rapports de lieu, de distance et même de dessein pour satisfaire à nos besoins. Il n'est pas possible que des rapports si merveilleux dépendent d'une cause aveugle telle que le hasard, il faut qu'ils proviennent de la puissance et de la sagesse de Dieu.

LE PHILOSOPHE.

On pourrait cependant opposer à cette combinaison plus ou moins admirable des forces motrices de la nature, des désordres tels que les tempêtes, les volcans et les tremblements de terre. Mais comme toutes ces irrégularités ne sont qu'accidentelles et disparaissent bientôt pour laisser au monde son ordre accoutumé, ce ne peut être bien certainement que grâce à la loi de l'attraction dont la connaissance est due aux recherches de Galilée, de Kepler et de Newton, et qui n'est qu'une force aveugle et sans intention.

LE MISSIONNAIRE.

Les irrégularités particulières, réelles ou apparentes, dont vous parlez, sont sans doute des conditions nécessaires de l'ordre général ; nous en comprendrions peut-être la raison si nous étions situés au centre du monde.

Pour ce qui est de l'attraction, qui attache et lie entre eux tous les corps célestes, je ne disputerai point avec vous pour savoir si c'est à cette loi universelle que nous devons la durée et la beauté de l'univers matériel. Ce qui est bien sûr, c'est que ce n'est pas cette force qui a déterminé le mouvement de rotation de tous les corps célestes dans le même sens et à peu près dans le même plan.

Car qu'est-ce que l'attraction, qui n'a pas dispensé Newton de recourir à un premier moteur ? N'est-ce pas la matière elle-même dans telles et telles circonstances ? Ne s'exerce-t-elle pas proportionnellement aux masses et aux distances ? Or, si son mode d'agir ne dérive pas de son essence, si n'ayant nul mouvement déterminé, elle a besoin elle-même d'être déterminée, ne faut-il pas que tous les corps de l'univers aient reçu primitivement une impulsion en ligne directe ? N'est-ce pas de la combinaison de cette force avec celle de l'attraction que naît le mouvement curviligne ? Si la force d'attraction, qui pénètre la substance solide des corps et agit à proportion de la quantité de leur matière, existait seule, ne tendrait-elle pas nécessairement à réunir en une seule masse tous les globes de la nature ?

LE PROLÉTAIRE.

C'est fort bien, et d'après ce plan je conçois

encore qu'une puissance intelligente a dû disposer ainsi ces deux forces pour l'harmonie et le concert de tous les systèmes planétaires.

Mais s'il est démontré que la matière n'a pu produire par sa propre fécondité des êtres organisés et vivants, ni se mouvoir d'elle-même et avec ordre, ne l'est-il pas également, en troisième lieu, que la pensée et la connaissance ne résultent point de ses propriétés et du jeu de ses organes?

LE MISSIONNAIRE.

Rien de plus vrai que ce que vous dites. Aussi, sans nous étendre sur cette nouvelle preuve, il suffira d'observer que la pensée, qui consiste dans l'affirmation, la négation, le doute, le raisonnement, la réflexion, la délibération, la résolution, est une chose simple, indivisible, et même immédiatement sensible comme, par exemple, lorsque l'on sent que l'on a pensé à Titus, il est bien sûr qu'il n'y a dans cette pensée, dans cette attention que l'on a faite à cette image, aucune imagination de parties; car de cela seul on peut conclure qu'elle n'a pu avoir originairement pour principe la matière; ni sortir, pour ainsi dire, du sein des corps qui en sont formés, et dont les parties, capables d'augmentation, de diminution, de mouvement et de repos, sont toujours dilatées ou pressées, tendues ou relâchées, jointes ou séparées.

LE PROLÉTAIRE.

En voilà même assez, ce me semble, pour juger de la nature de l'âme et du corps, et de l'extrême différence de l'une et de l'autre.

LE MISSIONNAIRE.

Nous approfondirons cette vérité quand nous en serons à la question de la spiritualité de l'âme.

Pour le moment, nous nous bornerons à faire cette autre observation, que si la pensée était un attribut aussi essentiel de la matière que l'étendue, deux choses pourtant qui, pour le dire en passant, s'excluent comme l'indivisible et le composé, il s'ensuivrait qu'il y aurait dans chaque portion de la matière, composée de parties divisibles à l'infini, autant d'être pensants également divisibles à l'infini.

LE PHILOSOPHE.

Ce n'est pas là certes une conséquence nécessaire, et on ne l'a jamais tirée. Non, on n'a jamais prétendu que chaque portion de matière était un être indivisible, un être qui connaît et qui pense. Jamais on n'a attribué la moindre connaissance à des corps tels que la pierre, le bois et les métaux. On a seulement osé avancer que la matière, sans être pensante par elle-même, le devenait grâce à un certain arrangement et à un certain mouvement de ses parties.

LE MISSIONNAIRE.

Quoi donc ! on ne saurait supposer avec raison que la pensée soit une propriété éternellement inséparable de la matière, un de ses attributs aussi essentiel que l'étendue, et l'on supposerait qu'elle doit son origine à quelque division ou composition que ce soit de la matière ! Mais y a-t-il, peut-il y avoir rien de commun entre la configuration, l'arrangement et le mouvement de ses parties dans tel ou tel sens, et les idées et les raisonnements par lesquels on juge et de la matière et des sens, et de leurs objets ?

LE PHILOSOPHE.

Tout cela, il faut en convenir, donne furieusement à penser. Mais ce qui fait que l'on a peine à se rendre, et à reconnaître un être absolu, nécessaire et souverainement intelligent, c'est qu'on est plus ou moins frappé de cette idée, que s'il présidait à nos destinées comme à l'univers, nous ne serions pas asservis à un ordre fatal qui unit par des liens invisibles et indissolubles tout ce qui naît, tout ce qui agit et tout ce qui meurt sur la terre, et que l'univers lui-même serait tout autre chose que nous ne le voyons aujourd'hui.

LE MISSIONNAIRE.

Je comprends comme vous que le monde serait vraiment une énigme inexplicable, si toutes les destinées humaines s'accomplissaient ici-bas. Mais je ne suis pas de ces gens qui pensent que tout finit pour nous avec la vie ; je crois, comme nous essayerons de l'établir en son lieu, que tout rentre dans l'ordre à la mort, et que les espérances immortelles éclairent les voies de la Providence.

En attendant, il ne faut pas être sourd à la voix de la conscience non plus qu'à celle de l'univers qui nous crie : Une machine ne pense pas ; la matière ne peut se mouvoir d'elle-même ; les globes qui roulent dans l'espace ne sauraient directement produire l'harmonie universelle ;

les corps organisés n'ont pu se combiner fortuitement, les rapports des êtres vivants et de toutes les parties de l'univers annoncent un éternel architecte.

LE PROLÉTAIRE.

Oui, assurément, il faut que cette voix se soit fait entendre dans tous les temps et dans tous les pays, puisque nous savons par l'histoire des nations, qu'elles ont toujours cru à l'existence de Dieu. Et moi aussi je l'écouterai cette voix sublime.

LE MISSIONNAIRE.

Elle vous fera aimer la vie et la mort sans vous inquiéter du reste.

Pour ceux qui refusent de l'écouter, c'en est fait de leur vie morale et même de leur vie physique.

LE PHISOSOPHE.

Voyons donc !

LE MISSIONNAIRE.

Puisque vous voulez encore me prêter un instant d'attention, je signalerai en finissant, et pour compléter notre démonstration, les conséquences inévitables qui résultent de l'athéisme, cette négation erronée de Dieu.

Bayle, le coryphée des incrédules, a prétendu que l'athéisme était socialement possible. Or, pour prouver démonstrativement qu'il tend, tout au contraire, de sa nature, à l'extinction totale de nos facultés, nous n'avons qu'à le pousser à ses dernières conséquences, conséquences nécessaires, puisque tout principe doit tôt ou tard produire les fruits qu'il renferme en soi.

Et d'abord, du moment que l'athée ferme intérieurement les yeux à cette lumière divine qui nous environne, et qui nous éclaire de tous côtés, mais qui ne dissipe les ténèbres de l'esprit qu'autant que le cœur ne lui en ferme pas l'accès, l'affreux chaos est dans sa tête comme il le serait dans l'univers.

Oui, encore une fois, sans un être qui a tout prévu, tout arrangé de toute éternité, plus d'ordre préexistant, ni de lois immuables ; mais partout et toujours je ne sais quelle force aveugle qui ne saurait pourtant subsister par elle-même. Plus de causes finales, auxquelles chaque chose paraît se rapporter, ou de raison suffisante de l'existence des êtres; mais partout et toujours des jeux de la nature et des masses informes que le hasard a produits, et que le hasard doit dissoudre. Plus rien de général dans la nature, mais partout et toujours des causes secondes, lesquelles étant physiques ou matérielles, ne sauraient avoir d'action que par le mouvement qui lui-même est un effet. Enfin plus de moyen de prouver quoi que ce soit, puisqu'il n'est pas possible de discuter, d'argumenter sans reconnaître une base, un principe sur lequel s'appuient nos arguments, et, par conséquent, Dieu, source et centre de toutes les vérités. De cette sorte, l'intelligence de l'athée s'égare dans les effets sans pouvoir remonter à la cause de rien, et finit par s'éteindre dans les ténèbres éternelles.

Tels et plus funestes encore sont les effets naturels de l'athéisme dans le monde moral; car, sans rapports avec le ciel, point de rapports avec la terre; inévitable conséquence : l'erreur naît de l'erreur comme la vérité de la vérité.

Ainsi, libre et indépendant, l'athée n'a plus d'autre loi que ses passions, plus d'autre dieu que ses vices. Né pour le bonheur, et n'aspirant qu'au néant au bout de sa mortelle carrière, il a hâte de jouir de ce monde fugitif à quelque prix que ce soit. Sûr de l'impunité de la part des hommes, comme il est à lui-même sa fin, son terme, il s'immole tout ce qu'éclairé par sa raison *souveraine*, ou emporté par ses appétits déréglés, il juge lui être utile, et tient, par conséquent, pour ennemi quiconque veut l'empêcher de satisfaire ses désirs, ainsi que le fait observer Spinosa lui-même. Ne lui parlez pas du vrai qui éclaire l'intelligence, du bon qui nourrit l'âme, du beau qui fait les délices de l'imagination; mort à ses jouissances morales, il n'a conservé un reste de vie, et, pour ainsi dire, de *sensibilité*, que pour les plaisirs matériels. Si, contrairement à *ses principes*, il ne s'immole pas tout ce qu'il désire ou tout ce qui lui fait obstacle, c'est grâce au tempérament, à l'éducation ou à la coutume.

Du reste, il est stérile et d'une complète nullité : point d'idées fécondes, d'inspirations sublimes, d'héroïques dévouements. Semblable à ces vents brûlants qui dessèchent au printemps les bourgeons et les fleurs, son incrédulité systématique a flétri au fond de son être tout germe de vertu, éteint toute étincelle de génie. Ainsi descendu des hauteurs de sa nature intelligente et morale, que lui reste-t-il? Il lui reste, pour aller se perdre dans la sensation, les vils instincts de la brute avec les sinistres lueurs d'une raison expirante.

Car, comme il ne peut agir, malgré qu'il en ait, que suivant les lois invariables de son être, il n'est plus guère en sa puissance de s'arrêter sur la route du néant. Lancé dans cette voie fatale, force lui est d'avancer et de se précipiter dans l'abime qu'il s'est creusé sous ses pas. Ce qui l'y pousse surtout, c'est ce besoin immense de bonheur auquel il aspire avec cette force secrète qui attache et lie entre eux tous les corps de l'univers. Mais loin du principe de son être qui en est aussi le terme et la fin, c'est en vain qu'il le demande au monde. Le monde, comme dit saint Augustin, n'a que des liens pleins d'une véritable âpreté et d'une fausse douceur ; des douleurs certaines, des plaisirs incertains, un travail dur, un repos inquiet, des choses pleines de misère, et une espérance vide de bonheur.

Aussi, notre athée dégoûté du monde où il s'agite et se consume dans de longs ennuis, déjà usé et flétri à la fleur de l'âge, seul dans l'univers qui n'est pour lui qu'un vaste désert, sans passé et sans avenir, suicide de son âme, il le devient de son corps, en s'arrachant la vie qu'il avait reçue pour la meilleure fin.

Et c'est de cette sorte qu'il venge Dieu qu'il détrôna de son cœur et de l'univers ; il venge aussi la société qu'il outragea par ses crimes ou du moins par sa dégradante doctrine.

LE PROLÉTAIRE.

Par sa dégradante doctrine, qui tend nécessairement à démoraliser l'homme et à matérialiser la société, me semble plus charitable et plus vrai. Car il faut avouer que dans notre siècle plus corrupteur que corrompu, il n'est pas rare de rencontrer des athées chez qui le poison de l'athéisme, loin d'avoir opéré et de s'être fait sentir de tous côtés, n'a eu heureusement pour mesure de dimension et de durée que celle de leur être.

LE MISSIONNAIRE.

Je me plais à le reconnaître, bien qu'il y en ait un bon nombre d'autres qui cherchent l'indépendance des actions dans l'indépendance des pensées, et n'aspirent à être fous que pour être méchants tout à leur aise.

LE PHILOSOPHE.

Cela doit être, puisqu'il est plus agréable de satisfaire ses passions vicieuses en suivant ses principes qu'en agissant contrairement.

LE PROLÉTAIRE.

Telle est en effet la disposition de notre esprit.

LE MISSIONNAIRE.

Cela est vrai, et c'est pourquoi aussi l'impie veut imaginer le néant de Dieu dans son cœur insensé. (*Ps.* XIII, 1.)

LE PHILOSOPHE.

Sans imaginer le néant de Dieu, savons-nous ce qu'il est, quelle est sa nature, sa constitution personnelle?

LE MISSIONNAIRE.

C'est là une autre question que nous pourrons approfondir jusqu'à un certain point, s'entend, dans notre prochain entretien.

III

DES ATTRIBUTS DE DIEU.

LE MISSIONNAIRE.

Nous avons démontré que l'univers, qui n'est point éternel, puisqu'il n'a pas de forme éternelle ni de manière d'être essentielle, n'a pu être le type et le germe de toutes les existences contingentes et successives dont il a été et dont il est encore le berceau ; ni le principe et la cause de cet enchaînement de mouvements et de phénomènes, de cet accord de fins et de moyens, de ces rapports de toute espèce qui éclatent dans le tout et dans chaque partie; ni, à plus forte raison, l'origine et la source de la pensée et de l'intelligence qui est en nous et qui est incomparablement plus noble que la matière. C'est donc, suivant un certain enchaînement qui lie les effets aux effets, les êtres aux êtres, les mondes aux mondes, et qui ne fait de tout l'univers qu'un fait unique et une grande vérité, que nous avons été conduits jusqu'à la cause suprême, absolue, créatrice et souverainement intelligente qui n'est autre chose que Dieu. Il s'agit à présent de traiter de son essence même et de ses adorables attributs. C'est à cette haute contemplation qu'il faut élever notre esprit et nos pensées.

LE PROLÉTAIRE.

Dieu est sans doute notre véritable bien, et il n'est personne qui ne doive désirer d'en connaître toute la grandeur. Mais en voulant nous élever à la connaissance de sa nature intime, ne risquons-nous pas de nous perdre dans les abîmes de l'infini ? Ne faudrait-il pas être Dieu pour comprendre Dieu ?

LE MISSIONNAIRE.

Vous dites bien, il faudrait être Dieu pour comprendre Dieu; mais ne faisons pas comme les incrédules qui détournent leur esprit de l'idée de Dieu sous prétexte qu'il est impossible de bien savoir ce qu'il est. Car s'il est vrai de dire que nous sommes incapables de connaître parfaitement sa nature, par la raison que c'est un être infiniment parfait, et en qui il n'y a rien qui ne soit incompréhensible pour des êtres finis et bornés, il nous a été donné du moins de comprendre que celui qui a tout produit doit avoir toutes les perfections qu'il a mises dans ce qu'il a produit, sans quoi l'effet serait plus parfait que la cause, ou bien d'une autre manière, il y aurait dans l'effet une perfection qui n'aurait été produite par rien, ce qui est visiblement absurde.

Après tout, pour acquérir une connaissance certaine quoique imparfaite des attributs de Dieu, il n'est pas nécessaire d'entrer dans les profondeurs de son être ni d'en sonder l'abîme immense. Il n'est besoin que de ce principe fécond d'être par soi-même d'où nous les ferons ressortir, ainsi que de la création où les merveilles de Dieu sont manifestes, dit saint Paul.

LE PHILOSOPHE.

Pour moi, je ne vois pas qu il soit plus facile

d'envisager les attributs de Dieu du point de vue de la création que du point de vue de l'essence divine. Il me semble même que vous ne sauriez en parler sans admettre leur distinction, et par conséquent sans porter atteinte à l'unité infinie du Dieu que vous adorez.

LE MISSIONNAIRE.

Pardon ; si nous admettons la distinction des attributs divins, ce n'est pas pour représenter qu'ils ont quelque ombre de distinction entre eux, puisqu'ils se réunissent dans un seul point qui est l'infinie perfection, mais pour contempler à diverses reprises l'être infini et sans parties, qui ne saurait être vu d'un seul regard par notre pensée essentiellement bornée et successive.

LE PROLÉTAIRE.

C'est excellemment répondre. Dans ce sens donc, quels sont, je vous prie, les attributs qui découlent de la nécessité de l'Être divin, qui éclatent de toutes parts, d'une manière plus ou moins sensible, dans ses œuvres, et sur lesquels notre esprit peut sans hésiter porter des jugements solides et vrais ?

LE MISSIONNAIRE.

Les attributs de Dieu, que nous pouvons envisager non-seulement du point de vue de son essence mais de la création, qui porte l'empreinte de son auteur gravée dans toutes les choses, sont l'éternité, l'immutabilité, l'infinité, l'immatérialité, l'unité, la puissance créatrice, la liberté, la justice et la bonté, sans parler d'une infinité d'autres que nous ignorons, et qui sont en Dieu formellement ou éminemment.

LE PHILOSOPHE.

Quoi ! ces attributs, qui sont des abîmes où s'anéantissent nos faibles lumières, les œuvres de la création nous les rendraient en quelque sorte manifestes ! Mais vous n'y pensez pas ! Comment des réalités fugitives nous révéleraient-elles l'éternité de Dieu ? Comment le changement nous ferait-il présupposer son immutabilité ? Est-ce le fini qui nous manifesterait son infinité ? Découvririons-nous l'immatérialité de son être dans des effets matériels ou dans l'univers ? Une combinaison accidentelle ou même nécessaire des forces motrices de la matière nous révélerait-elle sa force créatrice ? Est-ce en vertu de cette fatalité qui semble avoir fait entrer le mal dans le monde, et avoir déterminé tous les événements de ce vaste univers, que nous nous plairions à reconnaître sa liberté ? Trouvez-vous que le monde physique et moral soit basé sur la justice d'un Dieu suprême, maître des éléments et de nos vies ? La bonté y reluit-elle en caractères éclatants ? Croyez donc, si vous le pouvez.

LE MISSIONNAIRE.

Oui, il faut croire que ces attributs suprêmes que je vais vous expliquer en les parcourant successivement, si vous voulez bien m'accorder un peu d'attention tranquille et sérieuse, appartiennent à l'essence divine ; car je soutiens que la nature, quoi que vous en disiez, réfléchit son auteur dans toutes ses œuvres.

LE PROLÉTAIRE.

Nous sommes prêts à vous entendre jusqu'au bout, pourvu que vous ne vous arrêtiez pas trop longtemps sur chaque attribut.

LE MISSIONNAIRE.

Vous n'avez rien à craindre de ce côté-là. La prodigalité des pensées et des paroles ne sera jamais mon défaut.

Pour commencer donc par l'*éternité*, qui est une permanence indivisible qui ne peut souffrir aucun passé ni aucun avenir, je dis qu'elle est en Dieu.

Car bien qu'on ne puisse la comprendre, on conçoit néanmoins qu'elle est implicitement comprise dans la nécessité de son existence inséparable de son essence, puisqu'il ne peut jamais être conçu autrement qu'existant.

On peut encore reconnaître cet attribut en Dieu par cela qu'il est le principe de tous les êtres finis qui, étant réalisés hors de lui dans le temps, ont cependant en lui leur type et leur modèle.

Pour voir plus clairement encore cet attribut, il n'y a qu'à considérer qu'il n'y aurait point de créé sans l'incréé, ni de durée sans l'éternité. Là, et là seulement, est la raison dernière de tous les êtres.

En second lieu, il faut admettre que l'*immutabilité*, qui, comme l'éternité, est une permanence absolue, sans succession de temps ni de durée, appartient à l'essence de Dieu et à ses décrets :

A l'essence de Dieu, puisque étant éternel,

toujours le même par sa nature, sans avoir de qualité sujette au changement, il ne peut jamais rien perdre, ni rien acquérir, ni changer en aucune façon ;

A ses décrets, parce que voyant dans un présent sans fin l'universalité des choses dont il trouve la possibilité dans sa puissance et l'existence dans sa volonté, il a tout prévu, tout disposé dès le commencement, et qu'il gouverne tout suivant l'ordre de sa providence éternelle.

Mais de ce que tout est réglé d'avance, et que rien ne se peut plus changer, il ne s'ensuit pas que les bonnes actions ne servent de rien ; car ces actions, qui arrivent aujourd'hui, étaient, suivant la pensée de Leibnitz, déjà devant Dieu, lorsqu'il prit la résolution de régler les choses.

Troisièmement, on doit regarder l'*infinité*, unité simple, réelle, excluant toutes les propriétés des nombres et des qualités finies, comme implicitement comprise dans la nécessité de l'être de Dieu.

Car dès lors qu'on le conçoit existant par lui-même, simplement et sans restriction, on ne saurait lui attribuer aucune modification ni borne.

D'ailleurs, puisqu'il est la cause immédiate de tout ce qui est, et qu'il n'y a rien hors de lui qui n'en dépende, il est clair qu'il ne peut être resserré dans les espèces des êtres ni dans ces vastes corps suspendus dans l'éther.

Outre que le fini, pure négation d'une plus grande étendue, ne peut exister ni même être conçu sans l'infini qui en est la raison et le fondement, car il ne porte pas la cause de son être dans son propre fonds.

Aussi ce caractère divin se réfléchit-il dans cette foule d'univers répandus dans l'immensité de l'espace, et il ne tient qu'à notre imbécillité, pour employer l'expression de Montaigne, que nous ne puissions en découvrir l'empreinte gravée dans le plus faible atome.

Quatrièmement, il nous faut présupposer que *l'immatérialité*, qui est quelque chose de simple, d'indivisible, d'entièrement distingué des corps, est de l'essence de Dieu.

Non-seulement parce que nous le concevons comme éternel, immuable, infini, mais parce qu'il est élevé par sa nature au-dessus de tout, et qu'il préside à tous les corps et les meut à sa volonté.

De plus, parce que les caractères d'unité, de sagesse et de puissance qui éclatent de toutes parts, dans un brin d'herbe comme dans le cours des astres, ne sont point des qualités inhérentes, essentielles à la matière, du moins à la matière brute, et que, dès lors, ils ne peuvent venir que d'un principe intelligent.

Enfin, parce qu'il serait insoutenable d'admettre l'universalité des effets ou l'univers, sans une cause universelle et immatérielle, placée hors de tous les effets matériels, contingents, relatifs. Ce qui, pour le dire en passant, renverse par sa base tout système de matérialisme.

Cinquièmement, on ne peut douter que l'*unité*, vérité universelle et indivisible, équivalente et infiniment supérieure au nombre et à la multitude, qui seule porte le caractère de l'infini, ne soit inséparable de la nature de Dieu.

Car il est évident que ce n'est que par cette perfection qu'il peut atteindre au suprême degré et à la plénitude de l'être qu'il a en soi.

Il est à remarquer aussi que nous concevons Dieu comme la raison suffisante de toute cette suite d'existences contingentes parfaitement liées entre elles; en sorte que les motifs qui nous forcent d'admettre un Dieu ne subsistent plus pour un second, lequel serait inutile, si on le supposait parfaitement égal au premier, et ne serait pas Dieu s'il lui était inférieur.

De plus aussi, il n'y a qu'à considérer ce qui se passe dans la nature, comment chaque chose en particulier tend vers un but spécial, et l'ensemble vers un but général, pour être porté à croire que le tout est dirigé par un même esprit, dans une même intention, pour une même fin harmonique.

D'où l'on doit conclure que le manichéisme, ou le système de deux principes également éternels, l'un du bien et l'autre du mal, ne répugne pas seulement à nos plus claires idées, mais aux lois de l'harmonie du monde.

Il est bon, en outre, de remarquer ici qu'en Dieu, l'unité de nature n'exclut point la diversité des personnes que la Révélation nous découvre dans la grandeur ineffable de cette même unité, et dans les richesses infinies de cette même nature, encore plus féconde au dedans qu'au dehors; car cette distinction n'en ôte pas l'unité.

Sixièmement, on doit juger que la puissance *créatrice*, puissance infinie qui fait passer une chose du néant à l'existence, est de l'essence de Dieu.

Car on conçoit clairement que cette fécondité ajoute infiniment à la perfection infinie de l'être existant par lui-même.

On remarque facilement aussi que c'est sous cet attribut qu'il se montre à nous dans ses œuvres, et qu'on ne saurait le dépouiller de ce caractère éminent sans qu'il cessât d'être.

D'ailleurs, il est évident que la création, que Dieu a sans doute toujours voulue par son action intérieure qui est éternelle, mais qui, étant une action extérieure, n'a pu avoir lieu que dans le temps, est un ensemble vivant d'effets, de phénomènes et de forces, qui supposent nécessairement une force productrice, inépuisable, qui incessamment s'épand en elle.

Ce qui doit nous faire comprendre que Dieu, qui subsiste en lui-même sous une forme illimitée, ne s'est point absorbé dans ses créatures, existantes sous la condition nécessaire d'une limite, ainsi que l'a rêvé le panthéisme, mais qu'il est dans l'univers comme l'ouvrier, si vous me passez la comparaison, dans l'ouvrage qu'il produit.

Septièmement, on ne peut nier qu'en Dieu ne réside la *liberté* ou le pouvoir de tout faire, excepté le mal, qui est un défaut dont les intelligences finies sont seules capables.

Car la claire notion que nous avons de la perfection de l'être existant par lui-même, nous fait connaître qu'il est de la nature d'une souveraineté aussi universelle et aussi absolue de faire ce qu'il veut, quand il le veut, et comme il le veut.

Il y a encore à considérer que possédant en lui tout son bien, ce n'est que par sa seule volonté indépendante et très-efficace qu'il a pu être porté à créer ce monde qui, contrairement au système de Spinosa, n'est pas une émanation nécessaire de la substance divine, puisqu'il y a un ordre possible de choses autre que celui qui existe.

On doit faire réflexion aussi qu'il faut un être très-libre pour créer des êtres très-libres comme l'est l'homme, alors qu'il agit suivant les lumières de sa raison.

C'est contre cette idée de liberté, qui est tellement inhérente à celle de Dieu, qu'on ne saurait l'en dépouiller sans en faire un dieu des machines, indigne de nos adorations, que vient se briser le fatalisme.

Huitièmement, on ne saurait douter que la *justice*, vérité sainte, infaillible, universelle, qui se soutient toujours d'elle-même, qui fait l'ordre et la beauté, ne soit en Dieu comme dans sa source.

Car la raison nous persuade qu'étant l'être infiniment parfait, il ne peut vouloir que ce qui est conforme aux règles éternelles de la sagesse, et à la nature des êtres qui ont en lui le principe de leur existence, de leur conservation et de leur développement.

Il n'y a rien aussi de plus concluant que de regarder cette vertu, qui inspire à l'homme une volonté invincible de rendre à chacun ce qui lui appartient, toutes les fois qu'il n'est pas aveuglé par l'intérêt ou les passions, comme une étincelle de celle qui est en Dieu, source de toute perfection.

Outre cela, il est visible que les peuples et les individus, dont Dieu a établi les rapports entre eux sur les idées fondamentales de droit et de devoirs, trouvent, dès cette vie, en vertu d'une loi constante de la nature dont rien ne saurait altérer la rectitude inflexible, leur perfectionnement et leur bonheur dans l'accomplissement de leurs devoirs, et dans leur violation, au contraire, leur dégradation et leur malheur.

De là cependant on aurait tort de conclure que toutes les destinées humaines s'accomplissent ici-bas, puisqu'il n'y a que le gage des espérances immortelles qui éclaire les voies de la Providence et qui console une créature intelligente dans ses luttes morales.

Neuvièmement, enfin, il paraît sensible que la *bonté,* inclination bienfaisante, source des affections les plus pures, amour de l'ordre et de la justice, est l'attribut essentiel et distinctif de Dieu, et, pour ainsi dire, sa propre nature.

Car, premièrement, on conçoit que cet attribut dont nous portons en nous-mêmes l'idée, est inséparable de l'être infini, intelligent et puissant, qui ne peut avoir pour objet que le bien et non le mal.

De plus, il est à remarquer que n'ayant besoin de rien et se suffisant à lui-même, en qui il trouve un bonheur que rien ne peut augmenter ou diminuer jamais, il a tout produit dans son amour, amour qui se manifeste à ses créatures par le bien qu'elles en éprouvent, et qui fait, ainsi que le reconnait d'Holbach lui-même, que ceux qui se plaignent le plus amèrement de la rigueur du destin tiennent à leur existence par des fils souvent imperceptibles qui les empêchent d'en sortir.

Enfin, c'est une consolation merveilleuse de croire que dès lors qu'il s'aime lui-même (et comment ne s'aimerait-il pas, puisqu'il est le principe de tout ce qui est digne d'amour, et qu'il n'est rien de si parfait que lui?), il doit aimer aussi ses créatures suivant le degré de perfection qu'il y a mis, et surtout l'homme, qu'il n'a pu rendre capable d'amour et de connaissance que pour se communiquer à lui et le faire participer à son bonheur.

LE PHILOSOPHE.

Voilà certes tout ce que vous pouviez dire de plus fort, de mieux suivi, et de plus concluant en faveur de votre thèse. Mais que peuvent, je vous prie, vos derniers raisonnements contre cette objection que l'on renouvelle sans cesse : Puisque Dieu est si bon, puisqu'il aime tant le genre humain, pourquoi ne lui donne-t-il pas le bien sans mélange du mal? Pourquoi admet-il dans son plus parfait ouvrage le mal moral et le mal physique?

LE MISSIONNAIRE.

Ne pourrait-on pas, sans prétendre mesurer les conseils éternels de Dieu à nos pensées d'un jour, résoudre cette difficulté, en disant que Dieu ne veut pas le mal moral, qui consiste dans le péché ou l'égoïsme, mais qu'il le permet pour un plus grand bien, puisqu'il résulte de l'abus de notre liberté, don magnifique, condition nécessaire de toute vertu, sans laquelle nous ne serions plus des êtres intelligents, destinés à parvenir à la perfection qui nous est propre, et à laquelle nous avons droit par notre nature (I)?

Quant au mal physique, qui consiste dans la souffrance, et que Dieu permet pour l'amendement, pour l'exemple, et quelquefois aussi pour le perfectionnement et le bonheur de celui qui l'éprouve, ne paraît-il pas évident qu'il résulte non-seulement des lois mystérieuses qui gouvernent incessamment le monde, et que son auteur ne peut vouloir changer à chaque instant, mais encore et principalement du mal moral ou de l'opposition à l'ordre auquel on ne peut se soustraire sans s'abaisser, se dégrader et souffrir?

LE PROLÉTAIRE.

Je trouve que vous en dites assez pour répondre à cet argument que l'on fait contre la bonté de Dieu, et qui paraissait invincible à notre ami.

LE PHILOSOPHE.

Si vous êtes convaincu de l'excellence de cette réponse, nous pouvons nous en tenir là, bien que je ne sois pas prêt à me joindre à vous.

LE PROLÉTAIRE.

Oui, cette réponse que je trouve conforme à la raison et au plan providentiel, me paraît résoudre la difficulté autant qu'elle peut l'être.

Mais il est temps, en effet, de mettre fin à cet entretien qui m'a laissé une impression et comme un rayon des vérités qui résident en Dieu.

LE MISSIONNAIRE.

Nous n'en dirons donc pas davantage sur les attributs divins qui, du reste, se réfléchissent dans le monde matériel, et brillent dans le monde moral comme l'éternel phare de l'esprit humain.

Ainsi, à notre premier loisir, nous nous entretiendrons d'une vérité encore plus intime, je veux dire de notre âme, qui est le plus parfait des êtres que nous connaissons après Dieu, ainsi que Fénelon l'*observe*, et que nous essayerons de le faire voir.

LE PHILOSOPHE.

Il n'y a pas d'apparence que vous en veniez à bout, à moins que vous ne prétendiez traiter la question en dehors de la science humaine, et la résoudre à la faveur de la révélation hébraïque ou chrétienne, à laquelle vous croyez et devant laquelle vous vous inclinez humblement.

LE MISSIONNAIRE.

Pardon; même sans la lumière supérieure de la foi, en démontrant philosophiquement que notre âme est d'une nature intelligente et immortelle.

IV

DE LA SPIRITUALITÉ DE L'AME.

LE MISSIONNAIRE.

Après avoir exposé les raisons qui nous obligent d'avouer un être éternellement subsistant, et avoir parlé des hautes perfections qu'il possède, et que nous trouvons répandues dans la nature extérieure et dans le sentiment départi à notre intelligence, il nous faut examiner si notre âme, cette partie de nous-mêmes, qui sent, pense, veut, est sortie des éléments grossiers et corporels, ou si elle a été tirée d'un autre principe qui est Dieu, et n'est rien moins qu'une substance indépendante de la matière, d'une nature sensible et raisonnable, comme l'Écriture sainte nous le donne clairement à entendre en nous apprenant que *Dieu inspira sur la face de l'homme un souffle de vie,* et qu'*ainsi il en a été fait une âme vivante.*

LE PROLÉTAIRE.

Oui, nous sommes intéressés à nous assurer de cette vérité, et d'autant plus qu'elle nous autorisera à croire que nous ne sommes pas condamnés à subir un sort ignoble et misérable, et que ceux qui voudraient avoir recours à la force matérielle pour gouverner nos âmes, au lieu de chercher à y allumer le feu céleste de la morale et de la vertu, sont dignes d'un éternel opprobre.

LE PHILOSOPHE.

Vous avez raison. Mais pour se persuader que nos sentiments, nos idées et notre volonté ont un autre principe que notre corps, et que ce principe qu'on appelle âme est simple et point composé, il faudrait qu'il ne dépendît pas de l'arrangement des organes, et qu'on pût le faire voir présidant au corps et le mouvant à son gré.

LE MISSIONNAIRE.

Aussi, pour nous convaincre de cette importante vérité, nous n'avons qu'à considérer la figure de l'homme à laquelle rien ne ressemble dans tout le reste de la nature; ou à plonger notre regard au fond de son être, dans ce moi foyer de son existence, centre de ses idées et de ses sentiments; ou bien à méditer sur l'origine de ses idées les plus élevées ou sur la spontanéité de ses actions les plus vulgaires.

LE PROLÉTAIRE.

Ainsi, pour commencer par ce qui frappe les sens, on pourrait arriver, selon vous, à la connaissance de la spiritualité de l'âme, par ce qui se passe dans le regard de l'homme et dans les mouvements de son visage ou de son corps.

LE MISSIONNAIRE.

Oui, car tout annonce dans l'homme, même à l'extérieur, une force distincte du corps qu'elle anime : et cette figure qui porte l'empreinte d'une puissance morale indépendante de l'harmonie des couleurs et de la forme des traits; et ce regard qui réfléchit l'intelligence, qui semble y passer pour pénétrer à travers la matière qui enveloppe le monde extérieur; et ce sourire qui manifeste la bonté et la grâce, et que le singe ne peut même pas imiter; et cette voix qui exprime le sentiment qui, n'ayant aucun rapport avec son organisation, le distingue plus particulièrement de tous les êtres sensibles; et enfin toute cette organisation qui est si bien sous la dépendance de sa volonté, qu'on la voit, cette volonté, non-seulement adoucir les traits du visage dans la joie et l'espérance, les rendre plus rudes dans la colère et la tristesse, mais suspendre quelquefois l'exercice de la sensibilité physique et neutraliser la douleur.

LE PHILOSOPHE.

Je comprends comme vous tout ce qu'il y a de merveilleux et d'inexplicable dans les phénomènes de la sensibilité morale; mais de là à l'existence d'une âme immatérielle il y a loin. Et ceux qui ne peuvent convenir que des choses qu'ils voient, touchent et palpent, ne craignent pas d'affirmer que ces phénomènes moraux ne sont autre chose qu'une conséquence physique de notre organisation.

LE MISSIONNAIRE.

Ils l'affirment sans fondement. Mais outre que le contraire me semble démontré, je remarquerai encore que s'il n'y avait en nous que matière ou corps, on pourrait concevoir jusqu'à un certain point comment l'influence des tempéraments, des âges et des sexes agit sur les parties les plus intimes de notre être ; mais sans une substance immatérielle, il est impossible d'expliquer comment le moral, dans le feu des passions ou dans les profondeurs d'une tranquille méditation, réagit sur le physique ; car d'où viendrait alors cette nouvelle action qui, plus rapide que l'éclair, se répand dans l'organisation, et l'abat ou la relève souvent avec plus de force que les causes matérielles ?

LE PROLÉTAIRE.

Il y a toute apparence que ces phénomènes de la sensibilité morale sont des témoignages que nous portons en nous-mêmes de la présence d'un principe immatériel, et qu'ils en sont le retentissement extérieur, et en quelque sorte la manifestation plastique. Mais avant d'en déduire cette conséquence, voyons si l'argument que vous tirez de la considération de l'identité de notre être sensitif ou de notre moi individuel, nous fera connaître également et dans une pleine évidence cette même vérité.

LE MISSIONNAIRE.

Pour rendre cette démonstration sensible, il faut montrer, premièrement, que ce n'est pas le corps qui sent, mais l'âme qui sent par lui, et faire voir ensuite, que l'âme n'est pas de même nature que les corps, ni formée de leur concours.

Et d'abord, ce n'est pas le corps qui sent, mais l'âme qui sent par lui. Le corps n'est que l'organe du sentiment, la condition nécessaire pour le transmettre à l'âme qui lui est si intimement unie. Le corps, qui n'a pas de sentiment après la mort, n'en a pas davantage durant la vie.

Écoutons Platon : « Les perceptions sensibles sont l'effet de l'action combinée des objets et des organes ; mais il est nécessaire que les perceptions viennent se réunir dans un centre, un foyer commun, et de là résulte l'*unité* de l'acte de la conscience. Chaque sens ne nous transmet qu'une classe particulière d'impressions : la vue, les couleurs; l'ouïe, les sons, etc. Cependant nous avons le pouvoir de comparer ces diverses classes d'impressions, de juger ce qu'elles ont d'analogue ou de distinct. Quel peut être l'organe de cette comparaison? Ce ne peut être ni l'un ni l'autre sens ; elle a donc sa source dans l'âme seule. » (Tome I, *Apologie de Socrate. Phédon.*)

Bossuet s'exprime sur ce point à peu près dans les mêmes termes : « La sensation, dit-il, est la première chose qui s'élève en l'âme ; les sens donnent lieu à la connaissance de la vérité ; mais ce n'est pas par eux qu'on la connaît. Les sensations n'appartiennent point aux objets mêmes ni aux organes ; mais ce sont choses qui appartiennent à notre âme. Un sens intérieur et commun réunit leurs impressions et en forme un faisceau. » (*Traité de la connaissance de Dieu et de soi-même*, chap. I.)

Enfin Cuvier, dont les paroles sont ici d'un très-grand poids, confirme cette doctrine. « Pour que le moi perçoive, dit ce grand naturaliste, il faut qu'il y ait une communication nerveuse non interrompue entre le sens extérieur et les masses centrales du système médullaire. Ce n'est donc que la modification éprouvée par ces masses que le moi perçoit... Par masses centrales, nous entendons une partie du système nerveux d'autant plus circonscrite que l'animal est plus parfait. Dans l'homme, c'est exclusivement une portion restreinte du cerveau. » *(Règne animal*, introduction.)

Or, en second lieu, ce centre, ce foyer de nos sensations, ce moi qui perçoit, et qui n'est autre chose que l'âme en tant qu'elle sent, n'est point de même nature que les corps ni formé de leur concours.

Parce que ce moi, qui s'associe à tous nos sentiments et à toutes nos idées, est toujours un, toujours simple, toujours indivisible, toujours inaltérable, pendant que toutes les parties sensibles de notre corps se renouvellent sans cesse.

De plus, parce que ce moi a la faculté d'examiner plus ou moins ce que nous sentons et de faire naître en nous-mêmes ou dans les autres corps des mouvements qui seraient impossibles dans le système des matérialistes, qui ne reconnaissent ni ne peuvent reconnaître dans la nature de mouvements spontanés.

De plus aussi, parce que ce moi a la puissance de former des jugements du rapport de plusieurs sensations successives ou simultanées, ou de faire des comparaisons qui ne sauraient être un effet de la matière organisée.

Dans la supposition, en effet, que l'âme fût une substance physique, c'est-à-dire composée de parties, ne fût-ce que de deux, où placerait-on les deux sensations ou les deux termes d'une comparaison ? Serait-ce dans chaque partie, ou bien l'une dans une partie et l'autre dans l'autre? Si dans chaque partie, on aurait deux comparaisons à la fois, et par conséquent deux substances, deux moi qui comparent, mille si l'on suppose l'âme composée de mille parties : ce qui est évidemment absurde. Si l'une dans une partie et l'autre dans l'autre, la comparaison serait impossible, puisque dans cette autre supposition, les deux sensations seraient séparées au lieu d'être réunies.

LE PHILOSOPHE.

J'avoue que cette force qui est en nous, et qui se manifeste par des sensations, des volontés et des jugements, a de quoi nous surprendre ; mais ce qui doit nous faire soupçonner qu'elle n'est que le produit du cerveau, c'est que pour peu que cet organe intérieur soit lésé, altéré, ou seulement engourdi, il en résulte un dérangement dans l'exercice de nos facultés, ainsi qu'on le voit si souvent dans les aliénations d'esprit, dans les fièvres avec délire et même dans le sommeil.

LE MISSIONNAIRE.

Je serais étonné qu'il en fût autrement, puisque les actes de l'intelligence s'exécutent en nous par l'intermédiaire du cerveau, lien mystérieux qui unit l'esprit à la matière. Et de là vient que dans un dérangement de cet organe nous ne sommes ni sains, ni sages, ni maîtres de nous-mêmes. Mais vouloir se fonder sur un pareil accident pour oser nier l'immatérialité de l'âme, c'est comme si l'on prétendait que les hommes qui sont quelquefois malades n'ont jamais de santé.

LE PROLÉTAIRE.

Cela est vrai. Il vaudrait autant prendre l'instrument pour le musicien que d'alléguer ce dérangement dans les manifestations de l'âme, afin d'en conclure qu'elle n'est que le produit du cerveau.

Mais après avoir ressenti la force de votre second argument en faveur de la nature immatérielle de notre âme, voyons comment la même vérité peut être démontrée à l'aide de nos idées les plus élevées.

LE MISSIONNAIRE.

Ce qui démontre, en troisième lieu, la spiritualité de notre âme, ce sont les idées du parfait, de l'espace et du temps, sans lesquelles nous ne comprendrions rien au spectacle du monde. Car ces idées ne nous viennent pas par les sens, ainsi que l'ont pensé à tort, non-seulement les matérialistes, mais encore des philosophes tels que Locke et Condillac.

Et, en effet, qu'est-ce que le parfait ? N'est-ce pas une vérité absolue, universelle, séparée de toute matière particulière, que nous apercevons toujours la même, par laquelle tout entendement est réglé, sans laquelle l'expérience ne serait qu'un chaos, et qui est quelque chose de Dieu, ou plutôt qui est Dieu même ? Donc l'idée n'en peut venir de la sensation, attachée à un organe altérable.

Qu'est-ce que l'espace ? N'est-ce pas une étendue dont il n'est pas en notre pouvoir de supposer la non-existence, les corps une fois admis, et qui se perd dans l'immensité ?

Donc l'idée n'en peut venir de la sensation, puisque c'est une conception de l'intelligence distincte de toute représentation sensible.

Qu'est-ce que le temps ? N'est-ce pas une durée qui ayant commencé avec le monde se perd dans l'éternité, et qui est le lieu des événements comme l'espace est le lieu des corps ?

Donc l'idée n'en peut venir de la sensation, par la raison que n'emportant ni l'idée de forme ni de figure, elle ne saurait être l'objet des sens.

Cependant si ces idées du parfait, de l'espace et du temps, qui éclairent notre entendement comme un rayon lumineux, ne nous viennent pas par les sens, comment les avons-nous ?

LE PHILOSOPHE.

Ces idées que vous faites tant valoir, et qui paraissent dépasser non-seulement les sens mais l'imagination et la raison, nous viennent de l'expérience, et grâce au commerce que nous avons avec les objets extérieurs. C'est ainsi que nous devons l'idée du parfait à l'idée de l'imparfait ; et les idées de l'espace et du temps aux idées des corps et des événements, toutes choses qui tombent bien certainement sous les sens.

LE MISSIONNAIRE.

Ce qui a pu vous le faire croire, c'est que les idées de ces vérités nécessaires, fondamentales, immuables, nous sont données à l'occasion des objets qui tombent sous les sens.

Ainsi l'idée du parfait nous est révélée par une puissance autre que la sensation, à propos de l'idée de l'imparfait : car il est impossible d'avoir la moindre perception de l'imparfait sans avoir l'idée au moins obscure et confuse de quelque chose de parfait : l'une étant donnée, l'autre suit nécessairement.

L'idée de l'espace nous est donnée par la pensée à l'occasion de l'idée des corps, ce sont deux idées corrélatives : les corps supposent l'espace comme leur fondement nécessaire.

L'idée du temps nous vient de même : elle nous est suggérée par l'idée de succession qui suppose le temps sans lequel il n'y aurait point de durée.

Or, encore une fois, si les idées du parfait, de

l'espace et du temps, réalités intelligibles et non visibles, que nous concevons à l'occasion de l'imparfait, des corps et des événements, ne sont point attachées à nos organes essentiellement altérables, ne faut-il pas en conclure que nous avons en nous un principe d'une nature entièrement différente de celle de notre corps, un principe de la même nature que ces idées intellectuelles, universelles, séparées de toute matière particulière ?

LE PROLÉTAIRE.

Rien n'est plus logique, et ne me semble mieux prouvé, quoique, à vrai dire, ces idées intellectuelles, universelles, séparées de toute image relative aux sens, sont si peu accessibles à mes faibles perceptions, qu'elles m'échappent déjà par leur simplicité.

LE MISSIONNAIRE.

Cela vient de ce que ces idées, qui tiennent de l'infini, dépassent notre raison. Cependant elles n'en sont pas moins une des preuves les plus surprenantes de la nature immatérielle de notre âme, et je ne sache pas qu'elle puisse être reconnue à des marques plus illustres et plus éclatantes.

LE PROLÉTAIRE.

Non vraiment ; et l'on ne pouvait en tirer un meilleur parti en faveur de notre thèse. Quant à la preuve qu'il vous reste à déduire de la spontanéité de nos actions les plus vulgaires ou de notre liberté, je ne crois pas que nous puissions éprouver quelque difficulté sur ce point. Car quel est l'homme qui ne sent qu'il est libre aussi clairement qu'il voit, qu'il reçoit des sons ou qu'il raisonne ? A qui est-il jamais tombé dans la tête de se demander s'il peut choisir entre une chose et une autre, vouloir ou ne pas vouloir après délibération ? Pour en venir là, ne faudrait-il pas douter du pouvoir que nous avons d'agir, de remuer notre corps, d'appliquer notre esprit à certaines pensées, de suspendre nos désirs ?

LE PHILOSOPHE.

N'allons pas si vite, s'il vous plaît. Mais plutôt arrêtons-nous un peu à examiner sévèrement si nous avons l'exercice de notre volonté, si nous sommes libres, moralement parlant.

Ce qui le prouve, selon vous, c'est qu'avant de

prendre notre parti, nous raisonnons nous-mêmes sur ce que nous avons à faire, et que nous délibérons avant de choisir. Mais que devient ce raisonnement, je vous prie, si notre volonté ne se détermine point elle-même, en vertu d'une faculté inhérente à sa nature? Or, la vérité est que ce n'est pas notre volonté, mais les motifs indépendants de notre volonté, qui nous déterminent nécessairement à choisir ce qui nous paraît le meilleur. Donc nous ne sommes pas plus libres qu'une balance qui est toujours emportée par le plus grand poids.

LE PROLÉTAIRE.

Vous m'embarrassez, et vous ne me persuadez pas. La notion si claire que j'ai de mes actions bonnes ou mauvaises, dignes de louange ou de blâme, est une marque certaine de la liberté que j'ai eue de les faire, et de la vanité de vos arguments pour me faire douter d'une vérité que je sens en moi.

LE MISSIONNAIRE.

Votre raison est admirable. Mais ne pourrait-on pas répondre directement à l'objection, en disant que les motifs qui nous déterminent sont des causes morales qui ne servent qu'à nous éclairer sans nous forcer à agir, puisqu'elles n'ont aucune influence physique sur la volonté ?

D'ailleurs, est-il bien vrai que la nécessité morale de faire le meilleur soit incompatible avec la liberté ? N'est-ce pas, au contraire, une perfection qui caractérise la liberté des êtres les plus parfaits que d'être déterminés par ce qui nous paraît le meilleur ? Ne serions-nous pas semblables aux idiots, aux imbéciles, aux animaux même, si nous étions dépourvus de motifs qui nous font choisir entre le bien et le mal ; qui nous déterminent à résister à nos appétits, alors que nous sommes placés entre le devoir et la passion ; et qui nous portent même à sacrifier notre vie, encore que le bonheur soit toujours le motif de nos actions ?

LE PHILOSOPHE.

Fort bien. Mais si nous ne sommes pas libres, ainsi que vous êtes obligé d'en convenir, dans le désir que nous avons d'être heureux, ne s'ensuit-il pas que toutes nos actions sont nécessaires, puisque nous agissons toujours conformément à ce même désir de félicité ?

LE MISSIONNAIRE.

Il est vrai que le bonheur est le principe et le

terme de nos actions. Mais bien que nous soyons déterminés par notre nature à vouloir le bien en général, nous avons toujours la liberté du choix à l'égard de tous les biens particuliers, et même du bien général que nous pouvons mettre dans une chose ou dans une autre, dans la retraite, dans la vie commune, dans les plaisirs, dans les richesses, dans la vertu, etc. Et c'est par là que nous avons notre franc arbitre, et que nous l'exerçons.

LE PHILOSOPHE.

Mais qui vous dit que vous êtes libre? N'est-ce pas vous-même qui vous rendez témoignage à vous-même ? Ne se peut-il pas très-bien faire que vous soyez dans l'erreur en vous croyant libre ?

LE MISSIONNAIRE.

Non, c'est un sentiment que tous les hommes ont comme moi, c'est le principe fondamental de leur conduite. Pour prouver donc que je suis dans l'erreur, que la liberté de choisir n'existe pas, il faudrait nécessairement prouver que le genre humain tout entier se trompe quand il croit au mérite et au démérite des hommes ; il faudrait prouver que le témoignage consolant d'avoir bien fait est une illusion chimérique ; le remords, un vain scrupule ; les récompenses, ridicules ; les châtiments, injustes.

Ce n'est pas tout : il faudrait conclure que Dieu s'est joué cruellement en nous donnant un sentiment que rien ne peut affaiblir, et que l'homme sur la terre, loin d'être un dominateur intelligent, n'est qu'un animal dépravé.

LE PROLÉTAIRE.

Vous dites vrai : qu'on nous ôte la liberté, qui nous constitue les représentants de Dieu sur la terre, les législateurs d'un monde où nous avons des obstacles à vaincre pour mériter, on ôte ainsi toute moralité à nos actions. Car où sera la base de nos devoirs, l'origine de nos idées de justice et de vertu ? Nous retombons plus bas que la brute qui reste toujours avec son instinct ; nous ne sommes plus que de simples automates, soumis aux lois fatales de la matière. Mais qu'on forge tant que l'on voudra des systèmes contre la liberté, quand il faut s'interroger soi-même, il faut bien avouer que nous sommes naturellement libres.

LE PHILOSOPHE.

Vous voilà donc réduit à apporter pour preuve de votre liberté le sentiment que vous en avez, et que tous les hommes ont comme vous !

LE MISSIONNAIRE.

Oui vraiment ! Mais c'est parce que le sentiment de tout acte libre que nous éprouvons dans nos âmes ne saurait être faux ; et de plus aussi, parce que le principe de nos actions est dans la volonté, et que la volonté n'est pas attachée aux organes dont elle dispose, qu'il faut en conclure, en quatrième lieu, qu'il y a incontestablement en nous un principe immatériel dont nous ne pouvons concevoir la nature ni l'action sur le physique, mais qui nous est évidemment connu par ses actes, indépendants des lois du monde.

LE PHILOSOPHE.

Est-ce ainsi que vous voudriez en conclure que le principe qui nous anime est immortel ?

LE MISSIONNAIRE.

A une autre fois, s'il vous plaît, les raisons qui nous conduisent à la connaissance d'une vérité si consolante

V

DE L'IMMORTALITÉ DE L'AME.

LE MISSIONNAIRE.

La question de la destinée de notre âme est la plus intéressante que nous puissions examiner, puisque c'est d'elle seule que doit dépendre notre conduite et comme hommes et comme citoyens.

En effet, si notre âme est mortelle, nous serons portés à chercher notre bonheur dans les seuls biens visibles et périssables ; mais si elle est immortelle, il est de notre devoir comme de notre intérêt de diriger nos pensées et nos actions vers le but final de la vie, et de ne pas mourir sans

BIBLIOTHÈQUE IMPÉRIALE IMPR.

avoir adoré notre Dieu, et sans avoir rempli la tâche qu'il nous a imposée avec la vie.

LE PROLÉTAIRE.

Ce que vous dites là est très-raisonnable. Mais par quels moyens pouvons-nous chercher à nous persuader l'immortalité de l'âme et à nous en convaincre, sans sortir de l'ordre naturel ?

LE MISSIONNAIRE.

Par les raisons que nous trouvons dans notre âme elle-même, et dont la première, qui nous porte à consentir à une vérité de cette importance, est sa nature immatérielle que nous avons reconnue dans notre dernier entretien ; la seconde, qui nous la persuade davantage, est le désir de l'immortalité que Dieu y a gravé ; et la troisième, qui a une nécessité inévitable de convaincre, est la notion du juste et de l'injuste qui est sa loi primitive.

Je dis, en premier lieu, que ce qui nous fait voir que l'âme est immortelle, c'est qu'elle est une substance immatérielle, c'est-à-dire une force dont l'action est une chose sans parties, comme la sensation, la volonté et la pensée.

LE PHILOSOPHE.

Ce premier argument ne me paraît fondé que sur une idée métaphysique qui porte toujours le caractère de l'incertitude ; car quelles connaissances peut-on avoir au moyen d'un principe immatériel ?

LE MISSIONNAIRE.

Détrompez-vous. L'argument que nous puisons dans la nature immatérielle de notre âme est démonstratif, et ne saurait laisser dans l'esprit le moindre doute.

Ainsi, premièrement, de ce que notre âme est une substance une, simple, indivisible, inaltérable, dont l'action est la pensée, c'est-à-dire une chose sans aucune imagination de parties, nous en déduisons avec certitude qu'elle ne saurait être sujette à la corruption, à la mort, qui n'est qu'une dissolution de parties.

En second lieu, de ce qu'elle est douée d'intelligence, de sentiments et de liberté, nous tirons encore cette conséquence rigoureuse qu'elle doit être impérissable comme la vérité, comme la raison pure, comme les idées intellectuelles qui, étant séparées de toute matière particulière, sont sa nourriture et sa vie.

Enfin, de ce qu'elle ne vit pas précisément dans le monde matériel, mais qu'elle appartient déjà à un autre monde d'essences analogues à la sienne, où elle est en rapport par la pensée, nous en concluons, avec la même évidence, qu'elle trouve au fond d'elle-même un principe d'extension hors du temps et de l'espace.

Nous ne pouvons donc admettre que l'âme, essence de lumière, vieillisse et se consume avec le corps; nous ne pouvons admettre davantage qu'après avoir éclairé notre être physique, elle aille s'éteindre dans un tombeau. Nous croyons, au contraire, qu'elle continue à se perfectionner, lorsque le corps commence à perdre de ses forces, et que les liens qui la tenaient captive une fois brisés, elle s'élance au sein de l'infini, où rien de mortel ne la pouvant plus toucher, elle peut se mouvoir en tous sens, et se manifester de toutes les manières avec sa vertu inaltérable et ses énergies immortelles.

LE PHILOSOPHE.

De bonne foi, vous croyez que cela est ainsi ?

Mais si, d'après votre propre aveu, notre âme n'a ni figure, ni couleur, ni mouvement local, si l'on ne peut la voir ni la connaître, comment voulez-vous que l'on admette les conséquences étonnantes que vous en tirez ?

LE MISSIONNAIRE.

Pour conclure de l'immatérialité de l'âme à son immortalité, il n'est pas nécessaire de la connaître ni de la voir par les yeux du corps. Il suffit de la connaître par la pensée, de la voir partout dans ses œuvres, de même que l'on voit, que l'on admire Dieu dans la nature ; et notre raison nous dit que, ne tenant rien de la matière, elle ne peut être vue ni connue sous une image, et dans le point de vue objectif ; car l'âme, qui n'est pas une force distincte du moi, ne peut être donnée que subjectivement, et sous l'appréciation intime que le sujet pensant a de lui-même et de ses actes.

LE PROLÉTAIRE.

Pour moi, je voudrais être convaincu encore davantage de cette vérité. Car, enfin, n'est-il pas possible que l'âme trouve son anéantissement dans la destruction du corps qui lui est si intimement uni ; ou bien dans la nature, cette manifestation de la force matérielle, qui rayonne en tous sens dans l'immensité de l'espace ; ou bien encore dans la volonté de Dieu ?

LE MISSIONNAIRE.

Il est aisé de reconnaître que l'âme ne peut recevoir la mort par aucune de ces causes qui vous la font appréhender.

Ce n'est pas la destruction du corps qui peut lui faire perdre la vie qu'elle apporte toujours avec elle. Car si elle est forcée de s'intéresser d'une façon plus particulière à ce qui touche le corps, et de le gouverner, à la vérité, non comme une chose étrangère, mais comme une chose naturelle et intimement unie, il ne s'ensuit pas que l'union venant à cesser, elle reste à demi ; puisque l'âme, être pensant, est toujours tout entière ou nulle.

Ce n'est pas non plus la nature qui peut avoir action sur l'âme. Car si toute la puissance de la nature se borne à détruire le corps sans pouvoir l'anéantir, comment anéantirait-elle l'intelligence qui, n'ayant aucune limite dans le temps et l'espace, ne saurait être enfouie dans la terre, ni consumée par le feu, ni éteinte au sein des eaux ?

Ce n'est pas davantage par la volonté de Dieu que l'âme peut périr. Car si nous devons regarder tout ce qui est comme un effet des lois éternelles et immuables, et s'il ne faut rien moins que toute la puissance créatrice pour anéantir le moindre atome, comment supposer que l'Être qui vivifie les mondes, qui fait exister tout ce qu'il appelle à la vie, tourne sa toute-puissance contre l'être de son choix, et le réduise à n'être qu'un pur néant, au moment où, ayant rompu les liens qui le tenaient captif ici-bas, il est prêt à se plonger à la source de toute existence et de toute réalité ?

LE PROLÉTAIRE.

C'est évidemment ce qu'il faut penser. Mais, sans nous arrêter davantage à cette première démonstration, dont la vérité ne me paraît pas d'une nécessité absolue, puisque, en dernière analyse, nous sommes obligés de recourir au choix et à la sagesse de Dieu; passons, s'il vous plaît, à celle qui repose sur cet ineffable désir d'immortalité que notre Dieu a gravé dans nos âmes.

LE MISSIONNAIRE.

Je dis, en second lieu, que l'argument, qui prouve l'incorruptibilité de l'âme dans la dissolution du corps qui lui est uni, trouve une nouvelle force dans celui que nous puisons dans le sentiment de notre immortalité.

Car ce désir de l'immortalité que nous éprouvons dans ce que nous avons de plus intime et de plus élevé, est une des premières et des plus certaines lois de notre nature : loi intime que rien ne peut arracher de nos cœurs, et qui est aussi propre que l'existence, aussi naturelle que l'amour de nous-mêmes; loi impérissable qui vit au fond de l'âme, où elle est comme endormie, mais qui se réveille toujours alors que le corps est près de retomber en poussière. On dirait que le génie de l'homme prend plus d'immortalité à mesure qu'il se dégage de son enveloppe mortelle. Ainsi l'insecte ailé dans le ver qui rampe à nos pieds, aspire à sortir de sa prison terrestre pour s'envoler vers des régions plus pures.

Or, de deux choses l'une : ou ce sentiment d'immortalité que nous éprouvons dans nos âmes vient de l'auteur de la nature, ou il n'en vient pas. S'il vient de l'auteur de la nature, il aura sa satisfaction; car comment admettre l'imposture dans la vérité même? S'il n'en vient pas, qui est-ce qui a mis en nous un désir sans satisfaction comme sans objet?

D'autre part, si nous n'avons rien au-dessus des animaux, si nous ne différons d'eux que par la diversité de nos aptitudes et non de notre nature, que ne vivons-nous comme eux? Pourquoi les plaisirs des sens ne peuvent-ils nous satisfaire, et tandis que les êtres exécutent invariablement la loi que la nature leur a donnée, comment pouvons-nous pervertir notre destinée jusqu'à chercher dans une région plus élevée notre vie et notre bonheur? Comment pouvons-nous en venir jusqu'à sacrifier notre être pour acquérir une immortalité qui n'est pas dans notre nature? Ne faut-il pas en conclure qu'il existe une autre vie au-delà du tombeau, et que la mort ne fait qu'affranchir l'âme dans une sphère plus haute et plus large?

LE PHILOSOPHE.

Vous parlez de l'affranchissement de l'âme. Ah! c'est sans doute le malheur de son existence qui a fait attacher la vie à la mort! C'est sans doute du dégoût des choses de la terre qu'est née l'idée de l'immortalité de l'âme! Mais ce n'est là qu'une erreur puérile, et une illusion vulgaire; erreur, illusion, qui ont pourtant perverti la nature humaine au point de lui faire chercher dans une région inaccessible sa vie et son bonheur.

LE MISSIONNAIRE.

Eh quoi! le sentiment de l'immortalité, source inépuisable des talents comme des vertus, des vastes conceptions comme des actions généreuses, ne serait qu'une erreur puérile! Eh! quoi! un sentiment si sublime, si consolant, si propre à élever l'âme, le seul en harmonie avec l'immensité de nos désirs, ne serait qu'une illusion vulgaire!

Non, si l'être humain n'était par essence impérissable, immortel, jamais il ne se serait élevé audessus de son horizon; jamais il n'aurait conçu, par delà la sphère de ce monde, une existence sublime; jamais il n'en eût éprouvé un désir si vif et si profond. Car peut-on éprouver des sentiments qui ne seraient qu'une illusion absurde;

se passionner pour des biens dont on n'aurait aucune idée, et agir d'une manière contraire à ses vrais rapports?

LE PHILOSOPHE.

Non sans doute. Mais ce sentiment de l'immortalité, qui vous paraît si naturel, ne serait-il pas un effet de l'éducation? Ne viendrait-il pas des législateurs qui en auraient introduit l'idée parmi les peuples, comme des espérances lointaines propres à les consoler des injustices de leurs tyrans? De cette sorte ne prendriez-vous pas pour but de la nature humaine ce qui n'a été qu'un moyen de haute politique?

LE MISSIONNAIRE.

J'avoue que les législateurs ont mis le dogme de l'immortalité de l'âme à la tête des lois qu'ils ont faites. Mais, croyez-le bien, ils n'ont fait en cela que répondre aux vrais instincts de l'humanité et à ses besoins indestructibles. S'il en était autrement, il vous faudrait tourner dans le cercle vicieux, supposer que l'effet devient la cause, et que l'homme est avant l'éducation ce qu'il doit devenir par elle, ce qui est évidemment absurde; ou bien remonter aux premiers humains, auxquels Dieu aurait révélé la survivance de nos âmes; et on aurait alors dans cette révélation, et non plus dans la vérité du sentiment gravé dans tous les cœurs, un gage d'immortalité.

LE PHILOSOPHE.

Si cela est ainsi; si c'est parce que le sentiment de l'immortalité est inhérent à notre cœur, que les législateurs en ont fait une loi fondamentale de leur politique, d'où vient, je vous prie, que tous les cœurs ne battent point pour une si noble passion? D'où vient que la plupart des hommes, courbés vers la terre, consument leur vie dans tout ce qu'il y a de plus vain et de plus méprisable? Pourquoi leurs volontés, leurs désirs, leurs raisonnements n'ont-ils pas pour objet principal la certitude ou du moins l'espérance de l'immortalité de leur âme?

LE MISSIONNAIRE.

Il serait à souhaiter qu'il en fût ainsi. Mais de ce que ce sentiment, qui est d'autant plus vif que l'intelligence est plus haute et le cœur plus généreux, ne fait vibrer aucune corde dans certaines âmes, il ne s'ensuit pas qu'elles n'en aient pas le germe productif, il suit seulement de là que ce germe n'est point développé. Et comment s'étonner qu'il ne puisse germer dans ces cœurs au milieu de tant de passions qui l'étouffent? Comment s'étonner que les âmes ne soient pas pleines de ce sentiment divin, travaillées qu'elles sont nuit et jour par les soucis de la pensée et les soins de l'avenir, qui suffiraient sèuls pour démontrer que le présent n'est jamais leur but et qu'il existe au fond d'elles-mêmes un principe d'extension hors du temps?

LE PROLÉTAIRE.

Je m'aperçois que toutes les objections que l'on peut faire contre cette preuve de sentiment ne sauraient l'affaiblir, qu'elles servent au contraire à la relever davantage. Et comment en serait-il autrement, puisqu'il s'agit d'un sentiment qui ne peut être faux? Ainsi, après avoir montré que l'immortalité de l'âme ne repose pas seulement sur le désir du bonheur qui y est gravé, mais qu'elle s'appuie aussi sur la preuve par l'absurde, qui est, je crois, un des arguments les plus invincibles, il ne vous reste plus qu'à l'établir sur la notion du juste et de l'injuste, si universellement acquise par tous les hommes.

LE MISSIONNAIRE.

Je dis, en troisième lieu, que l'argument qui nous vient de la considération de la justice est un gage encore plus certain de l'immortalité de l'âme.

Car quand, par impossible, on démontrerait que nos âmes sont matérielles, et qu'elles peuvent dès lors se dissoudre par la divisibilité des parties, je n'en croirais pas moins à leur survivance, en m'appuyant sur la notion de justice inséparable de l'essence divine.

LE PROLÉTAIRE.

C'est donc pour justifier la justice divine du mal qui existe dans le monde qu'il faut admettre un autre ordre de choses où chacun aura sa part. Vous ne pensez donc pas que le bien et le mal trouvent leur jugement dans cette vie.

LE MISSIONNAIRE.

Non vraiment, attendu que la loi naturelle n'a pas de sanction ici-bas.

LE PHILOSOPHE.

Quoi! il y aurait des lois que le souverain éternel, à l'existence duquel vous croyez, aurait établies de toute éternité, et elles ne seraient pas toujours accomplies par tous les hommes!

LE MISSIONNAIRE.

Que trouvez-vous de choquant en cela? N'est-il pas évident que l'obligation des lois naturelles suppose la liberté, sans laquelle nous serions fatalement soumis aux lois qui régissent la matière; et que l'homme se sert trop souvent de la liberté pour violer la justice et opprimer la vertu? Or ne faut-il pas que ce désordre soit vaincu et ramené à l'ordre qui seul existe? Ne faut-il pas que le crime trouve dans le châtiment le malheur qu'il mérite, et que la vertu trouve dans la récompense le bonheur qu'elle a lieu d'attendre, elle a qui la fidélité aux lois de la justice a porté quelquefois malheur?

LE PHILOSOPHE.

Eh! qu'est-il besoin de chercher la sanction des lois naturelles dans une autre vie? n'a-t-elle pas lieu dans celle-ci? Inhérentes à la nature des êtres terrestres, identifiées à leur existence, en tout temps, en tout lieu, ces lois ne sont-elles pas présentes à l'homme; n'agissent-elles pas sur ses sens, n'avertissent-elles pas son intelligence, et ne portent-elles pas à chaque action sa peine et sa récompense?

LE MISSIONNAIRE.

Cela n'est vrai ni physiquement ni moralement. Demandez donc aux oppresseurs qui, comme êtres intelligents, violent sans cesse les lois qui les régissent comme êtres physiques, et dont l'existence n'est pas certes altérée dans ses rapports par les maux intolérables qu'ils font endurer à leurs victimes, si la peine poursuit toujours le coupable, et s'ils sont bien à plaindre pour avoir foulé aux pieds une des lois les plus intimes de leur nature? Demandez aussi aux opprimés qui éprouvent dans ce qu'ils ont de plus intime et de plus élevé d'inénarrables douleurs lorsque les lois de la justice sont fondamentalement violées en leurs personnes, s'ils sont plus dignes d'envie que de pitié?

LE PHILOSOPHE.

Vous supposez des lois gravées dans tous les cœurs, ou qui appartiendraient nécessairement à l'essence qui nous constitue ce que nous sommes. J'admets avec vous qu'il y a des lois qu'on appelle naturelles; mais je ne crois pas qu'elles dérivent de la constitution de notre être; je crois qu'elles dépendent des conventions humaines, et qu'elles ne sont pas antérieures à toutes les lois positives.

LE MISSIONNAIRE.

Quoi! ces lois, tu ne voleras ni ne tueras ton prochain; tu auras un soin respectueux de ceux qui t'ont donné le jour, et qui ont élevé ton enfance; tu ne raviras pas la femme de ton frère; tu ne mentiras pas pour lui nuire; tu l'aideras dans ses besoins pour mériter d'en être secouru à ton tour; ces lois que tout homme, si corrompu et si pervers qu'il soit, porte écrites au fond de sa conscience, et qu'il connaît à l'âge où il connaît que deux et deux font quatre, n'émaneraient pas de Dieu, raison universelle qui mène l'humanité? elles seraient l'ouvrage des hommes?

Mais comment concevoir quelles puissent dépendre des conventions humaines, ces lois qui, étant le rapport des convenances qui se trouvent entre les hommes, sont conformes à l'ordre, et telles par la nature des choses; ces lois que tout entendement aperçoit toujours de même, par lesquelles tout entendement est formé, et qui constituent la véritable raison ; ces lois enfin qui, étant indépendantes des temps et des lieux, survivent aux empires ?

Ah ! si l'amour de ces lois qui gouvernent le monde n'était pas impérissable au fond de nos cœurs ; si ce n'était pas Dieu lui-même qui l'y eût versé pour faire contre-poids à la loi du plus fort ; si tout homme enfin n'éprouvait à mal faire une répugnance que l'intérêt seul peut lui faire surmonter, nous devrions être dans une frayeur continuelle. Nous passerions devant nos semblables comme devant les tigres et les lions, et nous ne serions jamais assurés un moment, dit Montesquieu, de notre bien, de notre honneur et de notre vie.

LE PHILOSOPHE.

Eh bien ! puisque sans ces lois la terre ne serait qu'un désert couvert d'ossements ou habité par des reptiles, gardons-nous bien de les détrôner pour mettre à leur place les doctrines du matérialisme.

Mais pour vous prouver que ces lois ne sont pas antérieures à l'établissement des sociétés, et que par conséquent ce n'est pas la nature qui les a mises au fond de notre cœur, il me suffit de vous citer l'exemple de certains sauvages qui les connaissent si peu, qu'ils tuent leur vieux père, croyant bien faire.

LE MISSIONNAIRE.

En vérité, vous ne pouvez recourir sérieusement à un tel exemple pour soutenir que ces lois sont des lois de la société et non point de la nature. Car ne voyez-vous pas que vous mettez en lumière leur immortelle origine, puisqu'il fallait à ces sauvages une connaissance quelconque de la règle pour en faire même une fausse application?

En effet, de ce qu'il y a des sauvages, dites-vous, qui tuent leur père lorsqu'il est vieux, comme ils ne le font pas pour leur propre intérêt, mais parce qu'ils croient lui rendre service, que faut-il en conclure? qu'ils manquent de vertu? Nullement. Il faut en conclure seulement qu'ils manquent de lumières pour distinguer si une telle action est conforme ou non aux notions de justice dont l'empreinte primitive se trouve chez eux comme chez le reste des humains.

LE PROLÉTAIRE.

J'ignore si ces lois, qui doivent être le code sacré du genre humain, se développent harmoniquement chez tous les peuples. Ce que je sais, c'est qu'elles sont profondément enracinées dans notre nature, qu'on ne peut les arracher de nos cœurs, qu'elles reparaissent toutes les fois que les passions ne sont pas émues, et s'élèvent toujours contre ceux qui les transgressent. Je sais aussi que, faute de sanction ici-bas, elles feraient trop souvent le mal du juste qui les observe avec tout le monde, et le bien du méchant qui les transgresse presque toujours. Je crois donc, en m'appuyant comme vous sur la notion de justice, inséparable de l'essence divine, que les âmes de ceux qui ont souffert sur cette terre seront dédommagées, et qu'une meilleure vie attend aussi les âmes de ceux qui, n'ayant point abusé de leur liberté, n'ont point trompé leur destinée par leur faute. Mais ce que j'ai peine à concevoir, c'est que l'auteur de toute justice exerce une immortelle vengeance contre les âmes de ceux qui, ayant aussi une œuvre à accomplir, ne l'ont pas accomplie par leur faute. Ah! pourquoi des supplices éternels! j'aimerais mille fois mieux pour ces âmes infortunées, le sort destiné aux animaux.

LE MISSIONNAIRE.

C'est là une question brûlante que je n'ai ni la prétention ni le désir de résoudre par le raisonnement, d'autant plus qu'elle n'est pas du ressort de la philosophie, mais de la théologie qui n'a pas de peine à établir que les rigueurs de la justice divine peuvent se prolonger éternellement envers les damnés qui, étant morts dans l'état de péché, sont châtiés et non convertis. Toutefois, comme l'éternité des peines fermente sourdement dans les esprits, et qu'elle les travaille malgré eux, des philosophes modernes ont imaginé pour les intelligences déchues de nouvelles épreuves après celles-ci : ils se fondent sur ce que Dieu, qui ne renonce jamais au mieux, ne voudra pas perdre sans retour des êtres qu'il n'a pas faits pour finir en méchants. Je ne veux indiquer ici cette opinion de quelques philosophes (qu'on dirait l'enseignement catholique touchant le purgatoire, si elle n'allait jusqu'à vouloir diviniser un jour tous ceux qui nous ont paru être l'idéal du mal incarné), que pour montrer que la croyance de l'immortalité de l'âme, d'une vie à venir, des peines et des récompenses ultérieures, est tellement enracinée dans tous les cœurs, que les esprits les plus indépendants, et qui s'éloignent le plus de la doctrine des anciens, ne prennent peine, pour ainsi dire, qu'à adoucir le sort des méchants dans l'autre vie.

Quant aux animaux, dont le sort vous paraît moins regrettable, il y a en effet grande apparence que tout finit pour eux avec cette vie; n'étant pas croyable que leur âme sensitive, privée qu'elle est non-seulement de la lumière intellectuelle qui nous manifeste l'infini, mais encore de moralité ou de la faculté d'enfreindre la loi de leur être, soit récompensée ou punie pour avoir agi par pure nécessité.

LE PROLÉTAIRE.

Après de tels discours où, malgré les ombres qui y sont mêlées, et qui humilient notre esprit, je vois briller la vérité la plus pure et la plus consolante, je veux être juste, bienfaisant, tolérant. J'ajouterai à ces vertus celle de l'espérance. Puisse cette espérance d'un meilleur avenir consoler les opprimés de tous les pays!

LE PHILOSOPHE.

La sensibilité est la source de cette espérance; l'imagination lui donne des ailes.

LE MISSIONNAIRE.

Oh ! non ! L'immortalité de l'âme est une conviction de la raison qui s'appuie sur des principes qui la ravissent et la retiennent invinciblement, de même que la résurrection des corps est une conviction de la foi qui emporte les vrais chrétiens par delà toutes les conceptions de l'esprit.

LE PROLÉTAIRE.

Cela a été démontré. Mais qui peut élever et fortifier en nous tous l'espérance de l'immortalité.

LE MISSIONNAIRE.

La religion avec ses rites saints.

LE PHILOSOPHE.

De quelle religion entendez-vous parler ?

LE MISSIONNAIRE.

De la religion chrétienne, que nous verrons jaillir, pour ainsi dire, prochainement du choc de notre propre discussion.

VI

DE LA RELIGION CHRÉTIENNE.

LE MISSIONNAIRE.

Après nous être élevés, à la faveur des principes que Dieu a mis en nous, jusqu'à la connaissance de son être et à celle de l'immortalité de notre âme, nous sommes amenés tout naturellement à parler religion. Il ne peut s'agir entre nous de discuter de la nécessité d'une religion ; car, dès lors que nous concevons Dieu, source et principe de toutes choses, nous devons avouer entre Dieu et nous des rapports, suite nécessaire de notre existence simultanée. Or, comme la religion, dans la signification la plus étendue, n'est et ne peut être autre chose que le résultat et la manifestation de ces mêmes rapports, nous en voyons ainsi manifestement la nécessité. Nous voyons de plus, et avec la même évidence, que la religion est également nécessaire à la société, puisque Dieu n'est pas seulement l'auteur des êtres, mais de l'ordre conservateur des êtres.

Du reste, nous savons par l'histoire que les gouvernements du monde ne peuvent s'en passer. « Jetez les yeux sur toute la face de la terre, dit Plutarque, vous ne trouverez nulle part une ville sans la connaissance d'une religion. » — « La religion, même idolâtre, remarque Bossuet, supplée à la faiblesse des lois politiques. » — « Elle réunit, selon l'observation de Rousseau, les brigands (de Rome) en un corps indissoluble. » — « Elle fut, selon l'expression de Montesquieu, l'ancre qui retint le vaisseau dans la tempête. » — « Si la religion se perd parmi les peuples, conclut Vico, il ne leur reste plus de moyens de vivre en société; ils perdent à la fois le lien, le fondement, le rempart de l'état social, la forme même de peuple, sans laquelle ils ne peuvent pas exister. »

Mais si nous ne pouvons douter de la nécessité d'une religion tant pour nous que pour notre pays, ne pensez-vous pas que celle qui peut satisfaire les besoins de la société et la raison humaine, c'est la chrétienne, et que c'est aussi celle que nous devons pratiquer nous-mêmes et communiquer aux autres ?

LE PROLÉTAIRE.

Je pense comme vous ; et la raison en est qu'il ne me paraît pas même possible qu'on puisse imaginer une religion qui nous fasse entrer comme la chrétienne dans le sentiment le plus universel et le plus complet de l'humanité, et qui par conséquent soit plus capable de nous unir et de nous rallier comme frères.

LE PHILOSOPHE.

Il me semble qu'avant d'adopter le culte d'une religion révélée, qui demande obéissance, il serait d'abord nécessaire de justifier aux yeux des déistes la raison par laquelle il fallait que Dieu se révélât d'une manière extraordinaire aux premiers humains ; et de prouver ensuite contre les rationalistes, qui prétendent, comme les déistes, que Dieu n'a rien dit sur la manière dont il veut être servi, que le christianisme, qui se rattache, d'après vous, à cette révélation primitive, est encore la forme vivante de l'humanité.

LE MISSIONNAIRE.

Eh bien ! je réponds, en premier lieu, que la raison par laquelle Dieu se devait à lui-même de se communiquer à sa créature intelligente dès le commencement, nous la trouvons dans la notion que nous avons de Dieu ainsi que dans la conscience du genre humain.

Et d'abord quelle est la notion que nous avons de Dieu ? N'est-ce pas celle d'un être tout puissant qui, n'ayant besoin, pour agir, que de lui-même, a tout fait par bonté, et qui, étant parfaitement et immuablement bienheureux, veut que toutes les créatures le soient selon ce qu'elles sont, c'est-à-dire par une parfaite conformité aux lois qui résultent de leur nature ? Or se peut-il que l'homme créé à l'image de ce Dieu très-bon et très-grand, et qui ne peut être heureux qu'en le possédant, ait été laissé à lui-même en l'état où il est ? Se peut-il qu'il n'ait pas été instruit dès l'origine de quelle manière il plaisait à ce grand Dieu d'être adoré, pour se communiquer à lui, et le faire participer à son bonheur? N'est-ce pas dans l'adoration de ses infinies perfections qu'est tout le fondement du bonheur de l'homme? A-t-il pu être fait pour une autre fin? Est-il rien de plus noble que d'être l'humble sujet et le religieux adorateur de la nature divine?

En second lieu, quelle est à ce sujet la conscience du genre humain? N'a-t-il pas toujours senti le besoin d'un enseignement supérieur pour l'établissement et la grandeur de la religion? L'évidence de ce sentiment n'est-elle pas clairement révélée par des sacerdoces communiquant ou réputés communiquer avec la divinité? N'est-ce pas sur la croyance que Dieu s'est manifesté aux hommes par des preuves sensibles qu'est fondé le système religieux des Indous, des Égyptiens, des Grecs, des Germains, en un mot, de toutes les nations? A-t-il jamais existé, dans aucun temps, de peuple déiste? Tous n'ont-ils pas eu des religions qu'ils croyaient révélées? Et encore qu'il ne puisse y en avoir qu'une, comme il n'y a qu'un Dieu, d'où peuvent venir toutes les autres, si ce n'est d'une révélation primitive et pure dont elles ne sauraient être qu'une dégradation? N'est-ce pas à ce résultat que nous conduisent les recherches profondes qu'on a récemment faites sur les mythes consacrés par toutes les religions du monde? N'est-il pas facile d'y reconnaître une commune origine, grâce aux idées de déchéance et de perfectionnement que ces mythes renferment?

LE PHILOSOPHE.

Je trouve, et vous le faites bien sentir, du reste, que l'on peut être fondé à croire à l'existence d'une religion révélée avec l'idée d'un Dieu qui nous aurait donné la vie, l'être et tout ce que nous sommes. Je suis seulement étonné que les déistes aient tant de peine à adopter un sentiment qui devrait leur paraître si juste et si raisonnable. Pour moi, qui commence à entrer dans les dispositions où ils devraient être à cet égard, je suis tenté de chercher dans la révélation qu'ils rejettent le principe civilisateur, les merveilles du langage, l'origine et les progrès des connaissances humaines; car, sans cette révélation qui a dû être, pour ainsi dire, l'instituteur du peuple primitif, d'où viendrait l'impossibilité où sont les sauvages de se civiliser eux-mêmes?

LE PROLÉTAIRE.

L'aveu de notre philosophe est précieux. Mais après avoir compris qu'il n'y a rien de plus digne de Dieu, et qui porte plus son caractère qu'une religion inspirée d'en haut et aussi ancienne que le monde, pour nous apprendre, avec le culte qui est dû à sa souveraineté, tout ce que nous devons savoir sur la création de l'homme, sur sa nature, sur sa destinée, sur la société, etc. ; je ne sais plus juger de la valeur de la révélation chrétienne, qui ne me semble remonter qu'à Jésus-Christ , et que je tiens pourtant pour la religion véritable.

LE MISSIONNAIRE.

Apprenez que le christianisme remonte par Jésus-Christ, messie prédit par les prophètes et annoncé par les patriarches, jusqu'à l'origine du monde ; car il consiste à reconnaître la déchéance de la nature humaine, et son rétablissement par un médiateur : deux dogmes éternellement identiques , que l'on retrouve, non-seulement dans la religion mosaïque , qui n'était qu'en attendant celle de ce médiateur, mais encore dans toutes les autres religions de l'univers qui les ont conservés plus ou moins altérés, plus ou moins transformés, comme on peut le voir par la pratique de leurs expiations et de leurs sacrifices, et par les célébrations de leurs mystères.

LE PROLÉTAIRE.

J'entends ; le christianisme existe depuis le commencement du monde plus ou moins obscurément sous des allégories et des emblèmes. Jésus-Christ, en les réalisant, n'a fait que dévoiler ce qui était déjà dans l'humanité. Avant donc de vous voir répondre à notre adversaire, je voudrais savoir quel est le moyen que Jésus-Christ a établi pour conserver la pureté de sa doctrine, et pour ranger un jour tous les peuples sous la loi de rédemption et d'égalité.

LE MISSIONNAIRE.

C'est l'Église qu'il a fondée par ses apôtres, et qui, indépendante des sociétés transitoires et variables, survit aux plus grands empires, grâce aux caractères d'une immortelle durée dont elle est revêtue ; car ces caractères, qu'elle possède depuis son établissement dans le monde, sont l'unité, la sainteté, la visibilité et la perpétuité, ainsi que je veux vous le montrer en peu de mots.

Et premièrement, l'Église possède l'unité : unité dans le culte qu'elle rend à la souveraineté de Dieu, puisqu'elle fait profession de n'adorer que lui seul, et de lui rapporter, comme à sa fin nécessaire, l'honneur qu'elle rend à la sainte Vierge et aux saints ; — unité dans la doctrine qu'elle nous enseigne, non-seulement sur la nature divine où le nombre, qui subsiste dans les rapports mutuels de trois personnes égales, se termine par une parfaite unité, mais encore sur notre nature primitivement déchue, puis rétablie, et réconciliée en la personne du fils de Dieu, qui a uni en lui les deux natures divine et humaine ; et aussi touchant nos semblables, avec lesquels nous avons un même Dieu, une même origine et une même fin ; — unité dans son action sur l'humanité qu'elle exerce par l'autorité établie en la personne de saint Pierre et de ses successeurs, et qui ne se répand qu'à condition qu'elle sera toujours ramenée au principe de son unité ; de telle sorte que tout ce que fait chaque évêque selon la règle et dans l'esprit de l'unité catholique, tout l'épiscopat le fait avec lui.

En second lieu, l'Église possède la sainteté : sainteté par rapport au sacrifice qu'elle offre à Dieu, d'une dignité et d'un prix infinis ; car la victime qui y est immolée n'est rien moins que Jésus-Christ, Dieu et homme tout ensemble, seul capable d'honorer la majesté de son père et de justifier le pécheur : c'est le vrai culte des chrétiens ; — sainteté par rapport au perfectionnement de l'homme dont le terme est la réhabilitation de l'image divine en sa conscience, image si profondément altérée, si étrangement déchue de sa pureté primitive, mais dont il conserve une ombre et un vague souvenir dans son état de dégradation et de péché ; — sainteté par rapport aux moyens qu'elle emploie à cette fin, et qui sont l'exemple de Jésus-Christ, image vivante d'une perfection infinie, et les sacrements établis par le Sauveur lui-même, à l'effet d'obtenir la grâce, sans laquelle il est impossible à l'homme infirme et déchu de s'élever à un état de communication avec Dieu.

Troisièmement, l'Église possède la visibilité : il ne faut que des yeux pour l'apercevoir. De Rome, cité illustre qui est son siége et le chef de l'ordre pastoral, elle enseigne hautement l'Évangile aux nations, en porte la lumière à toute la terre par le ministère ecclésiastique et apostolique, et subsiste visiblement dans ce corps de pasteurs et de peuple qu'on appelle l'Église romaine, laquelle forme une portion éclatante et considérable du monde.

Quatrièmement, enfin, l'Église possède la perpétuité : fondée sur la pierre où saint Pierre et ses successeurs président depuis près de deux mille ans, remplissant tous les siècles précédents qui ont vécu dans l'attente du Messie, toujours subsistant au milieu des révolutions des empires, sans avoir à craindre la mortalité attachée aux choses humaines, elle remonte par Jésus-Christ jusqu'à l'origine du monde. Aussi, assurée d'elle-même et de son autorité suprême, promet-elle la certitude lorsqu'elle prononce ses oracles, et réclame-t-elle l'infaillibilité que suppose nécessairement son institution divine.

LE PHILOSOPHE.

Voilà, certes, une belle et rapide exposition des caractères de l'Église de Jésus-Christ. Mais que prouve-t-elle, si ce n'est la force et la durée que cette même Église a eues jusqu'ici ? Qui vous dit maintenant qu'en quelque temps et de quelque manière qu'on l'attaque désormais, on la trouvera toujours ferme? S'il faut en croire les rationalistes, cette Église, qui a rempli longtemps le monde de sa pensée et de son action, et à qui il fut donné, au moyen âge, de fonder une grande république fédérative qui avait pour parlement des conciles, pour représentants des évêques, et pour chef élu le Saint-Père, n'est plus qu'un cadavre dont l'âme s'est retirée pour toujours.

A les entendre, la religion qu'elle enseigne et qui devrait, selon vous, nous unir dans un culte commun et public, a fait son temps: « C'est une religion usée et décrépite, disent-ils, à laquelle on ne croit pas, et qui empêche la véritable religion de naître et de s'établir. »

LE MISSIONNAIRE.

Ils ont beau chanter sa ruine, elle n'en fait pas moins vivre d'une même foi, sur tous les points du globe, une multitude innombrable de peuples.

Quant à sa durée ultérieure, nous en trouvons un sûr garant, non-seulement dans son établissement divin, dans ses miracles, dans ses martyrs, dans sa persistance depuis tant de siècles et malgré tant d'obstacles survenus, mais encore dans sa doctrine, qui contient en soi la cause et le moyen d'un perfectionnement indéfini, comme aussi dans son utilité à l'instruction du genre humain, aux conquêtes de la liberté et à la civilisation des peuples.

LE PHILOSOPHE.

Et c'est précisément parce que vous ne pouvez nier le sentiment progressif qui travaille les esprits, que vos adversaires vous répondent que ce serait méconnaître les premières lois du progrès que de s'imaginer qu'il ne pourra plus y avoir de religion après le christianisme.

LE MISSIONNAIRE.

Tout en reconnaissant avec les rationalistes, et peut-être plus qu'eux, la loi de perfectionnement attachée à la nature humaine, rien pourtant ne me paraît plus évident que cette proposition, qu'après le christianisme il n'y a plus de religion possible.

Car d'où nous viendrait désormais une nouvelle religion ?

Ce n'est pas bien certainement du ciel, puisque Dieu, dont les conseils sont éternels et immuables, a établi la religion chrétienne afin d'annoncer aux hommes, dans le cours des âges, ce qu'ils doivent croire et pratiquer pour arriver à l'éternelle félicité qui leur est destinée.

Ce n'est pas non plus d'ici-bas ; car on ne fait pas une religion comme on bâtit une maison ou un système philosophique.

Que si l'on doit avouer que toutes les religions du monde, tant la vraie que les fausses, ont pourtant trouvé créance dans les esprits, ce n'est évidemment que parce qu'on les a crues d'institution divine.

Mais enfin quand on viendrait à bout d'établir dans le monde une nouvelle religion qui ne serait fondée, selon le rêve des rationalistes, que sur la raison et les instincts élevés de notre nature, comme cette religion n'aurait point de sanction divine, de quel frein serait-elle contre les passions? de quelle consolation dans le malheur ? quels asiles ouvrirait-elle au repentir ? quels appuis présenterait-elle à l'innocence ? quel avenir au delà du tombeau ?

LE PHILOSOPHE.

A cela, voici ce que répondent d'autres rationalistes, qui comprennent que le premier point de la religion est d'avoir une tradition, et d'expliquer l'humanité à elle-même : il ne s'agit pas de fonder un établissement religieux, ni même d'attaquer le christianisme comme étant fondamentalement contraire à la raison ; il s'agit seulement de reconnaître le progrès et le perfectionnement en matière de religion. « N'est-il pas vrai, s'écrient-ils, que toutes les connaissances aboutissent à la religion, que vous ne pouvez jeter les yeux sur aucune chose du monde, sans avoir, à l'occasion de ces choses, un sentiment religieux, puisque toujours Dieu se manifeste dans ses œuvres ? Comment donc voulez-vous que toutes les connaissances humaines variant et progressant avec les siècles, la religion elle-même ne varie pas ? »

LE MISSIONNAIRE.

Soit. Mais peut-on reconnaître que la religion chrétienne, dont il est ici question, soit perfectible et progressive ; ou qu'elle puisse admettre quelque sorte de nouveauté et de correction d'âge en âge ?

Ne sait-on pas qu'elle ne dépend point du progrès des connaissances humaines, mais bien des vérités révélées nécessaires au salut ?

D'ailleurs, comme elle est destinée à établir l'esprit dans une certitude infaillible, et à être la règle immuable de la volonté, ne faut-il pas qu'elle reste immuable comme Dieu même?

Mais enfin, même dans la supposition où la religion chrétienne ne devrait pas rester immuable, de quel changement serait-elle susceptible?

Oserait-on toucher à ses mystères, qui contiennent les secrets de la nature divine et ceux de la nôtre, et auxquels nous n'ajoutons foi que sur les preuves de la religion, vu qu'étant au-dessus de la raison, nous n'avons pas la prétention de les prouver par elle?

Quelle partie voudrait-on retrancher de sa morale? Y a-t-il rien en elle qui choque les règles éternelles de la justice et de la bonté que nous apercevons par l'entendement?

Ne faut-il pas qu'on s'en tienne à son Évangile, qui a tant fait pour l'avancement et la perfection de notre nature, et dans lequel résident le développement du progrès et l'avenir du monde?

Ne voit-on pas les sociétés modernes qui l'ont embrassé, se dégager des erreurs qui les obscurcissaient, et, ayant rejeté les coutumes barbares ou licencieuses qui les abrutissaient, s'acheminer progressivement vers le perfectionnement moral et politique, tandis que les sectateurs des autres religions, condamnés à l'immobilité, croupissent dans une stagnation de mœurs qui afflige l'œil de l'observateur ?

LE PROLÉTAIRE.

Ce que vous dites là est très-vrai. Et pourtant qui le croirait? il y a des démocrates progressifs qui s'imaginent payer leur tribut à Dieu et à l'humanité en attaquant le christianisme, dont l'essence, bien évidemment, est d'éclairer, de purifier et de renouveler, sous la loi d'émancipation et de grâce, les nations que les autres religions plongent dans le fatalisme, et écrasent sous le joug si profondément démoralisateur de l'homme. Les aveugles ! ils ne voient pas qu'en faisant la guerre à ce qui ne peut ni ne doit être remplacé, ils ne font que retarder l'initiation de la race entière des mortels.

LE PHILOSOPHE.

Impuissance à eux, s'il est vrai qu'un Dieu préside aux destinées humaines et que le christianisme soit son ouvrage.

Mais pour revenir à notre discussion, je vous dirai qu'outre le reproche que l'on fait au christianisme de n'être plus la forme vivante de l'humanité, et dont vous avez tâché de l'absoudre, il y a quelques difficultés que l'on fait aussi contre sa divinité et dont il vous sera bien difficile de vous tirer.

LE MISSIONNAIRE.

Lesquelles, s'il vous plaît?

LE PHILOSOPHE.

La première difficulté est tirée de l'unité et de la trinité divines. Voici comme on raisonne :

« L'essence du christianisme consiste dans la distinction du Verbe en Dieu ; or, la notion du Verbe en Dieu était le fond de la théologie égyptienne comme elle était le fond de la théologie et de la métaphysique de l'Inde ; donc le christianisme n'a été dans le passé qu'une secte de la vraie religion. »

LE MISSIONNAIRE.

Je ne sais si cette distinction du Verbe en Dieu était réellement le fond de la théologie de l'Inde et de l'Égypte ; ce que je sais, c'est qu'il n'y a que le symbole chrétien qui nous ait fait reconnaître en Dieu, avant la création et le temps, une pensée éternelle et un éternel foyer d'amour et de vie.

Mais quand il faudrait accorder à nos adversaires que la distinction du Verbe en Dieu était le fond des anciennes religions, ne serait-il pas plus raisonnable de conclure que ce sont ces religions qui, ayant conservé quelque chose de la révélation primitive, sont des sectes de la vraie religion, et non point le christianisme, qui remonte à l'origine du monde par la révélation primitive et mosaïque dont il est l'héritier, et qui, par conséquent, ne saurait être que cette vraie religion elle-même?

LE PHILOSOPHE.

Autre difficulté : « En soutenant cette thèse, ajoute-t-on, vous n'attribuez la connaissance de la vraie religion qu'à une fraction infiniment petite du genre humain ; car il vous est impossible de considérer comme chrétien un homme qui, n'étant pas juif, aurait connu le vrai Dieu avant la venue du Messie. »

LE MISSIONNAIRE.

Je pourrais demander d'abord d'où vient cette impossibilité pour un tel homme, surtout s'il a vécu dans la foi et l'espérance du Messie, attendu non-seulement par les justes de l'Ancien Testament, mais encore par tous ceux des autres religions dont il nous est impossible d'apprécier le nombre : c'est le secret de Dieu.

Mais comme il ne s'agit pas tant de savoir si un tel homme était chrétien, que de savoir s'il est sauvé, je me contenterai de répondre que rien ne serait moins conforme à l'esprit de notre religion que de le condamner pour n'avoir pas été membre de la société extérieure de Dieu à laquelle il appartenait par son cœur. C'est suivant cet esprit que saint Paul a dit « que ceux qui ont péché sans la loi périront sans la loi. »

LE PHILOSOPHE.

Une troisième difficulté de ceux qui nient la divinité du christianisme tend à infirmer son immutabilité. « N'admettez-vous pas que la religion est perfectible ? Vous, catholiques, si les protestants vous disent que le christianisme tout entier se trouve suffisamment révélé dans les livres du Nouveau Testament, ne rejetez-vous pas cette prétention ? ne soutenez-vous pas la nécessité de la tradition et des conciles ? »

LE MISSIONNAIRE.

Si nous admettons la nécessité de la tradition et des conciles, ce n'est pas que toute vérité, dans le fond, ne se trouve dans les livres du Nouveau Testament, mais parce que, toutes les fois que les hérétiques sont venus contester la règle de la foi catholique, les conciles, appuyés sur la tradition, en ont donné de plus amples explications, et ont appris à l'exposer avec plus d'ordre, plus de distinction et de clarté.

Du reste, je vous avouerai que si l'on ne peut montrer que la religion chrétienne ait varié dans la foi, il n'en est pas de même à l'égard de sa discipline, laquelle, en tout ce qui n'est qu'accessoire, a changé selon les temps et les lieux. Mais cela même prouve qu'elle vit, car tout ce qui vit dans l'univers change en tout ce qui ne tient pas aux essences : l'immobilité absolue n'appartient qu'à la mort.

LE PROLÉTAIRE.

Il me semble que vous en avez assez dit pour montrer que la religion chrétienne, dont les fondements ne portent point sur la terre, d'où l'on voudrait l'exiler, peut seule satisfaire les besoins de la société et de la raison humaine à l'époque présente comme dans les âges suivants. Qu'importent donc les objections que l'on fait contre elle ?

Pour moi, je m'honorerai toute ma vie d'être un de ses enfants. Mon devoir sera de la soutenir toujours. Je n'oublierai jamais que c'est elle qui a répandu la lumière de la vérité jusqu'aux extrémités de la terre ; que c'est elle qui a fait cesser les sacrifices de sang humain, l'esclavage, la polygamie, l'infanticide, les jeux sanglants des gladiateurs, la coutume barbare de détruire par la guerre la société et les hommes qui la composaient ; que c'est elle enfin qui, une croix à la main, a fait disparaître les barrières infranchissables qui faisaient que tous n'étaient pas les frères de tous dans la communauté sociale.

LE MISSIONNAIRE.

N'oubliez-pas non plus que la croix, qu'elle a élevée sur les débris d'un monde païen, n'est pas seulement le signe de l'égalité universelle, mais de la réconciliation du ciel et de la terre.

LE PHILOSOPHE.

Certes, ce n'est pas peu de chose que de prétendre que les emblèmes religieux et sociaux du christianisme sont unis dans le ciel. La grande question cependant est d'établir la divinité de son auteur, qui ne paraît, aux yeux de ceux qui ne sont pas éclairés d'en haut, qu'un simple mortel dont tout le crime a été de s'être dit le Christ, Fils de Dieu.

LE MISSIONNAIRE.

Evidemment. Aussi, sans nous arrêter à considérer si c'est pour ce prétendu sacrilége qu'il a été condamné, suivant M. Salvador; ou bien pour le crime imaginaire d'avoir voulu attenter au pouvoir de César en se disant roi des Juifs, ainsi que l'affirme M. Dupin, notre grand, notre unique objet sera d'examiner la valeur des preuves sur lesquelles il a plu à Jésus-Christ d'établir à tout jamais sa divinité.

A notre première entrevue, donc, un examen si digne de nous occuper.

VII

DE JÉSUS-CHRIST

LE MISSIONNAIRE.

Ce qui nous fera comprendre mieux encore la beauté, la sainteté et la divinité du christianisme, où nous trouvons le principe, le fondement et l'appui de notre grandeur, c'est Jésus-Christ son fondateur.

Pourquoi? parce qu'il n'y a rien de grand dans le monde comme Jésus-Christ : c'est la grandeur de la sagesse et de la charité qui a son empire dans les âmes; grandeur d'un ordre infiniment plus élevé que celle que donnent la naissance, la fortune et même le génie.

« Qu'on la considère cette grandeur-là, dit Pascal, dans sa vie, dans sa passion, dans son obscurité, dans sa mort, dans l'élection des siens, et dans le reste, on la verra si grande, qu'on n'aura plus sujet de se scandaliser d'une bassesse qui n'y est pas. »

Pourquoi encore? parce que c'est au berceau de Jésus-Christ qu'étaient attachées les espérances de tout un peuple; et que c'est auprès de son gibet que, conformément à sa prédiction, a commencé l'initiation du genre humain.

Oui, le peuple juif, ce peuple le plus ancien qui soit au monde, n'a subsisté, pendant deux mille ans, que pour prédire et annoncer sa venue.

Pour les chrétiens, qui, du jour où il a été élevé en croix, ont continué à se former de la plénitude des gentils, il est le roi de leur esprit; ils lui ont consacré leur cœur; et c'est par lui qu'ils glorifient et adorent le Père céleste.

Pourquoi enfin? parce que Jésus-Christ n'est pas un simple mortel, mais un Dieu qui est descendu jusqu'à l'humanité pour élever l'humanité jusqu'à lui, ainsi qu'il a voulu nous en convaincre par le miracle de sa résurrection, qui fut le plus éclatant comme le plus étonnant de tous ses prodiges.

LE PROLÉTAIRE.

Je n'ai pas de peine à reconnaître un Dieu dans l'auteur d'une religion qui a ressuscité la société. Mais en voulant nous en assurer par le prodige de sa résurrection, ne faudra-t-il pas entrer dans un ordre d'idées nouveau pour nous? Et ne craignez-vous pas que ce fait surnaturel et divin ne jette d'impénétrables obscurités dans notre entretien?

LE MISSIONNAIRE.

Pas le moins du monde. Car bien qu'il soit ici question de la résurrection d'un mort, qui ne voit que ce fait, tout surnaturel qu'il est dans sa cause, ne l'est nullement dans les moyens de le connaître; et qu'un mort ressuscité est aussi bien un objet des sens, et peut donner d'aussi bonnes preuves qu'il vit qu'aucun autre homme du monde?

LE PHILOSOPHE.

Il est certain que la résurrection de Jésus-Christ, si elle s'était accomplie, serait un fait qu'on aurait pu être à portée de bien connaître. Mais il y en a un autre qui consiste à savoir si le miracle est possible. Car il y a des philosophes qui, sans nier l'existence de Dieu, prétendent qu'il ne peut faire de miracles sans se contredire.

C'est ainsi que Spinosa et Strauss en nient la possibilité, en s'appuyant sur l'immutabilité des décrets divins dont les lois de la nature ne sont que l'expression. D'autres, sans être aussi affirmatifs, avancent avec Hume, que pour être assuré d'un fait miraculeux, il faut connaître toutes les lois de la nature. Quelques-uns se contentent de soutenir qu'on peut être forcément trompé au sujet des vrais miracles, et citent à ce propos les prodiges des magiciens relatés dans la Bible, ainsi que ceux d'Apollonius de Thyane, et d'autres, racontés dans le paganisme. Enfin il s'en trouve qui vont jusqu'à nier toute révélation extérieure, et s'écrient avec Rousseau : « Pourquoi faut-il qu'il y ait des intermédiaires entre Dieu et moi? »

LE MISSIONNAIRE.

Cette fin de non-recevoir m'étonne de la part de ces prétendus déistes, et je les trouve bien téméraires de rejeter les miracles sans plus s'enquérir.

Comme s'il n'était pas possible à Dieu de faire des miracles sans changer de volonté, supposé que de toute éternité il eût résolu de les faire, et de déroger ainsi à la loi générale; ou bien encore que la possibilité du miracle, qui n'est que l'action même de Dieu, manifestée dans un acte particulier, fût plus inconcevable que la possibilité de son action perpétuelle dans l'univers qu'un déiste ne saurait nier sans se contredire!

Comme si, pour être assuré de la résurrection d'un mort, par exemple, il ne suffisait pas de savoir que c'est une loi de la nature qu'un mort ne ressuscite pas, sans qu'on eût besoin pour cela de connaître toutes les autres lois physiques!

Comme si Dieu lui-même ne donnait pas des moyens pour se garder de l'imposture, ou que la fausse monnaie pût altérer la confiance due à la véritable!

Comme, enfin, si la révélation n'était pas un fait, et qu'il ne fût pas simple, naturel, parfaitement conforme à la divine sagesse d'employer les mêmes moyens par lesquels nous croyons les autres faits! Vouloir que Dieu instruise chaque homme par une révélation ou inspiration particulière, ne serait-ce pas exiger un miracle pour chacun, mais un miracle très-suspect qui favoriserait l'illusion et le fanatisme?

LE PROLÉTAIRE.

Vous n'avez que trop raison. La question de la possibilité des miracles me paraît hors de toute discussion. Sied-il bien à de faibles mortels comme nous d'assigner des bornes à la puissance du Créateur, ou de trouver à redire à sa sagesse éternelle? Laissons donc sur cela toutes les disputes, et venons à la résurrection de Jésus-Christ. Mais pour ne laisser aucune obscurité dans une question de cette importance, dites-nous, je vous prie, quel en est le véritable état entre nous et les rationalistes de nos jours?

LE MISSIONNAIRE.

Il s'agit de savoir si le retour de Jésus à la vie est certain; si l'on ne peut révoquer en doute un si éclatant prodige; si le témoignage des apôtres qui le rapportent est revêtu de tous les caractères d'évidence qui mettent l'entendement humain dans l'obligation d'y acquiescer. D'où vous voyez que la décision de cette question de la résurrection dont les apôtres ont fait le principal fondement de la Foi, dépend de l'autorité et de la véracité de leur témoignage. Car c'est une remarque essentielle à notre sujet, que c'est par le témoignage qu'on prouve les faits, et non par des raisons *à priori* prises de la nature des choses, et dont le contraire implique contradiction.

LE PROLÉTAIRE.

Mais quoi! s'il en est ainsi, toute la force de la démonstration ne résultera que du témoignage apostolique. Ce ne sera donc pas l'évidence ni la certitude des choses qui nous forcera d'y acquiescer, mais une simple certitude morale, qui ne peut égaler, ce me semble, la certitude métaphysique ni même la certitude physique.

LE MISSIONNAIRE.

Comment! ne savez-vous pas que la certitude morale, cette conviction intime où nous sommes de l'existence d'une chose, ou l'adhésion irrésistible à une connaissance quelconque, s'appuie sur la nature de l'esprit humain et sur le caractère général des hommes; et qu'elle ne diffère de la certitude physique, fondée sur les lois qui gouvernent le monde, ainsi que de la certitude métaphysique, basée sur l'essence même des choses, sur leurs propriétés constitutives, que par rapport à son objet et au genre de preuve sur laquelle elle est appuyée? Car pour le degré de certitude, de quelque endroit qu'il vienne, de quelque genre qu'il soit, il est égal et a une égale force. C'est ainsi, par exemple, qu'on est aussi sûr qu'un homme, jouissant de sa raison, ne s'exposera pas sans motif au danger de perdre la vie, qu'on a la certitude d'avoir devant soi une personne, quand on la voit, qu'on l'entend ou qu'on la touche; ou bien encore que l'on est certain que si à des choses égales entre elles on ajoute ou l'on ôte également, elles resteront toujours les mêmes. Aussi est-ce la certitude morale qui dicte les lois, prononce les arrêts, assure le droit des citoyens, la tranquillité des États, et que sur elle repose la base du commerce, ainsi que plusieurs sciences telles que l'histoire, la chronologie et la géographie.

LE PROLÉTAIRE.

Cette instruction m'a servi. Eh bien! puisque la certitude morale est vraiment un grand et premier principe, veuillez nous faire voir comment le témoignage rendu à la résurrection de Jésus-Christ par les apôtres, sans parler de tant d'autres disciples qui ont tous souffert pour la même cause, est revêtu de tous les caractères auxquels on peut reconnaître cette même certitude et être assuré de la posséder.

LE MISSIONNAIRE.

Pour cela il suffit d'examiner si leur témoignage réunit les deux conditions suivantes : la première, qu'ils n'ont pas été trompés; la seconde, qu'ils n'ont pas voulu tromper. Parlons d'abord de la première condition.

On juge avec certitude que des témoins n'ont pas été trompés, quand il s'agit d'un fait simple et palpable qu'ils ont été à portée de bien connaître. Or, il est incontestable que les apôtres ont pu s'assurer par eux-mêmes, par le rapport de leurs propres sens, de la résurrection de leur maître. Et nous savons qu'ils l'ont fait. Car dans leur déposition, consignée dans le Nouveau Testament, dont l'authenticité a toujours été reconnue non-seulement par les orthodoxes, mais encore par les hérétiques, et même par les infidèles, ils déclarent en termes formels :

Que Jésus-Christ, après avoir expiré sur la croix, et avoir été enseveli dans un tombeau, en est sorti le troisième jour, comme il l'avait prédit lui-même, et s'est montré à eux, qui s'obstinaient à ne pas croire sa résurrection, à diverses fois et en diverses circonstances. Ils nomment les lieux où se sont passées plusieurs de ses apparitions, le jardin où était le tombeau, le chemin d'Émaüs, le cénacle, le bord du lac de Génézareth, une montagne de Galilée. Ils ne manquent pas de rapporter quelques-uns des discours qu'il a tenus, plusieurs des merveilles qu'il a faites. Ils racontent même qu'ils ont mangé et bu avec lui, qu'il s'est fait toucher d'eux : on sait qu'il avait des marques impossibles à imiter, impossibles à méconnaître. Enfin, ils assurent qu'après l'avoir fréquenté pendant quarante jours, et avoir reçu ses derniers ordres, ils l'ont vu s'élever et monter au ciel.

D'après ce récit, où tout est particularisé et circonstancié. il est bien certain que les apôtres ne peuvent être soupçonnés d'illusion. Comment en effet, dans leur état normal, et durant quarante jours, eussent-ils cru voir ce qu'ils ne voyaient pas, entendre ce qu'ils n'entendaient pas, toucher ce qu'ils ne touchaient pas? A ce point de vue, leur témoignage est donc irrécusable : le contester, ce serait nier l'autorité du témoignage des sens qui, revêtu de ces caractères d'authenticité que nous trouvons dans celui des apôtres, devient infaillible.

LE PROLÉTAIRE.

J'en demeure d'accord. Mais est-il aussi certain que leur témoignage réunit cette autre condition qu'ils n'ont pas voulu tromper?

LE MISSIONNAIRE.

Examinons. On est assuré que des témoins n'ont pas voulu tromper, quand tout annonce en eux des hommes d'honneur et de probité, et que leur intérêt personnel ne se trouve pas joint à leur témoignage. Or, à cet égard, les apôtres nous offrent encore toutes les garanties imaginables.

Car, premièrement, leur caractère moral est justifié non-seulement par leurs écrits qui inspirent l'amour de la vérité et l'horreur du mensonge, mais encore par leurs actions qui, depuis qu'ils eurent ouvert leur prédication, n'eurent d'autre mobile que la gloire de Dieu et le zèle du salut des âmes; et même par la manière simple et naïve dont ils exposent le fait merveilleux de la résurrection de Jésus-Christ, et l'air de confiance avec lequel ils l'annoncent publiquement, six semaines après sa mort, dans la ville de Jérusalem, au milieu d'une fête, en présence de ses implacables ennemis, sans craindre d'être démentis.

En second lieu, on ne saurait montrer quel intérêt aurait pu les engager à rendre un si éclatant témoignage, s'ils avaient été persuadés du contraire. Ce qui paraît évident, c'est qu'ils ne devaient attendre de leur déclaration que la haine publique, les persécutions et les tourments les plus cruels, puisque c'était une accusation intentée par eux aux chefs des prêtres et aux pharisiens, d'avoir fait périr le Messie attendu par la nation juive aussi bien que par toutes les nations de l'univers.

LE PHILOSOPHE.

Vous en jugez ainsi; le contraire cependant

n'est pas impossible ; car n'ont-il pas pu déposer contre la vérité, dans l'espérance d'établir une religion nouvelle dans le monde, et de laisser un grand nom parmi les hommes? Et s'il est vrai qu'on peut placer son bonheur dans les choses qui y sont le plus opposées, n'ont-ils pas pu en venir jusqu'à déposer contre leur intérêt?

LE MISSIONNAIRE.

Je ne puis le penser. Et d'abord l'idée ambitieuse d'établir une religion nouvelle en lui donnant pour base et pour sanction la résurrection supposée de leur maître, n'a pu entrer dans leur esprit; car quelle espérance pouvaient-ils avoir, eux, hommes de basse naissance, sans éducation, pauvres, illettrés, de persuader au monde, sur leur parole, un événement de cette importance? L'essai d'une pareille tentative, si elle eût été praticable, ne pouvait avoir pour résultat que de les couvrir de ridicule et de confusion.

Quant à la seconde hypothèse, qu'ils ont pu placer leur bonheur à soutenir leur imposture au milieu des supplices et jusque sur l'échafaud, elle est par trop absurde, puisque, pour prix d'un tel sacrifice, ils n'avaient à espérer du ciel et de la terre que l'infamie, les supplices éternels, ou l'éternel silence.

Cependant, comme malgré tous les intérêts humains, ils ont scellé leur témoignage de leur sang, ce que personne n'a jamais révoqué en doute, ce ne peut être bien certainement qu'en vertu de leur inébranlable conviction sur le fait de la résurrection de leur maître. Leur martyre démontre leur sincérité ; rien n'est moins suspect que des témoins qui se font égorger ; nier la force d'un pareil témoignage, ce serait attaquer dans ses bases essentielles le principe même de la certitude morale. Donc la résurrection de Jésus-Christ est positivement démontrée.

LE PHILOSOPHE.

Voilà justement ce que les rationalistes vous nient : ils regardent le miracle de la résurrection comme si peu démontré, qu'ils font ce dilemme qu'ils tiennent pour invincible : « Ou la mort de Jésus sur l'instrument du supplice n'a été qu'apparente, et ne doit entraîner d'autre idée que celle d'un long évanouissement, suite matérielle de douleurs profondes ; ou bien quelques disciples sont descendus dans la tombe, et ont réussi à enlever adroitement son corps privé de vie. »

LE MISSIONNAIRE.

Ce dilemme n'est pas du tout embarrassant. La première supposition que la mort de Jésus n'aurait été qu'apparente, se trouve réfutée d'avance par le témoignage de tous ceux qui étaient à portée de s'en assurer, et qui ne l'ont jamais contestée, comme on peut le voir par ce qui nous reste des anciennes disputes des apologistes de la religion et de ses adversaires. D'ailleurs, comment cette mort aurait-elle pu l'être, puisque le coup de lance qui fut porté à Jésus, à gauche, entre les côtes, par le centurion romain, lequel voulait s'assurer s'il était véritablement mort, pénétra jusqu'au cœur, ainsi que le témoigne l'eau qui coula de la blessure, et qui est la garantie la plus sûre de toutes de la réalité de la mort?

Quant à la seconde supposition de l'enlèvement de son corps par ses disciples, puisque c'est le seul fait que les juifs contemporains aient opposé au témoignage des apôtres sur la résurrection, il nous paraît que la meilleure réfutation doit résulter des faits mêmes.

Jésus-Christ, d'après le dire des juifs comme des apôtres, ayant expiré sur la croix le vendredi, fut enseveli le soir même dans un tombeau taillé dans le roc. Le lendemain, les princes des prêtres et les pharisiens y mirent le scellé et des gardes, parce qu'ayant dit qu'il ressusciterait le troisième jour, ils étaient enchantés de le faire passer pour un imposteur. Cette précaution de s'assurer du sépulcre eût été ridicule, s'ils n'avaient pas su que le corps y était. Cependant, le dimanche il ne s'y trouva plus. Alors ces mêmes hommes, qui s'étaient précautionnés contre tout le pouvoir et toute l'adresse des hommes, ne craignirent pas de publier que le corps avait été dérobé par les apôtres. Mais, si ce n'était pas une fable absurde qu'ils avaient intérêt à répandre, de peur que le peuple ne les accusât d'avoir fait périr le Messie, qui devait rétablir le royaume de David, quoique d'une manière plus mystérieuse et plus haute que ne l'entendaient les juifs charnels, n'auraient-ils pas puni les gardes censés infidèles, au lieu de les payer comme ils firent, pour qu'ils débitassent la fable encore plus absurde, que le vol avait été commis pendant leur sommeil, puisqu'il est bien clair qu'ils ne purent ainsi en être les témoins ?

Bien plus, n'auraient-ils pas ordonné une enquête judiciaire contre les violateurs du sceau de l'autorité publique ? S'ils ne l'ont pas fait, c'est qu'ils ne l'ont pas pu. Dès lors leur silence ne forme-t-il pas un argument, qui, tout négatif qu'il est, a la plus grande force, et devient même un témoignage en faveur de la résurrection de Jésus-Christ ?

En un mot, pour réduire au néant l'opinion de l'enlèvement, il suffit de cette remarque, qu'un mensonge inventé par les apôtres eux-mêmes n'aurait pu leur inspirer le courage d'annoncer avec tant de constance, au milieu des plus grands dangers, la résurrection de leur maître ; sans parler de l'impossibilité de former et de soutenir un complot, qui aurait eu pour objet de faire triompher le mensonge aux dépens de leur propre vie, et d'en empêcher la découverte, malgré les facilités qu'ils en donnaient eux-mêmes ; puisque saint Paul, entre autres, écrivait aux gentils que Jésus-Christ, après sa résurrection, avait été vu de plus de cinq cents frères à la fois, dont quelques-uns vivaient encore.

LE PHILOSOPHE.

Vous me surprenez. Mais quand les premiers chrétiens ne se seraient rendus qu'à la vérité exactement démontrée, je prétends, avec les rationalistes, que le martyre des apôtres n'est pas complétement démonstratif en faveur de la résurrection de Jésus-Christ et de son Église, par la raison que d'autres religions ont eu aussi leurs martyrs.

LE MISSIONNAIRE.

Ne voyez-vous pas qu'il y a loin de la bonne foi des martyrs qu'on nous vante à la vérité de leur secte, et qu'ils ont bien pu se laisser immoler pour des opinions fausses, n'étant pas surprenant qu'on puisse se tromper sur des opinions? Mais sur des faits frappants, tels que sont les miracles que l'on perçoit par tous les sens, l'erreur est impossible, et l'ignorance, la prévention, le fanatisme, ne peuvent aller jusqu'à se persuader des faits de cette nature.

LE PHILOSOPHE.

Quelque juste que soit votre distinction, les rationalistes ne tiennent pas moins votre miracle pour impossible après le récit des quatre évangélistes sur les événements qui arrivèrent le jour de la résurrection.

A les entendre, on trouve d'abord les divergences les plus variées au sujet des femmes qui visitèrent le tombeau ; — le temps où elles s'y rendirent n'est pas non plus désigné d'une manière complètement conforme ; — les divergences relatives à ce qu'elles y virent. — Enfin, la plus importante de ces divergences est relative à la question de savoir quel fut le théâtre principal des apparitions de Jésus : est-ce la Galilée où les apôtres reçurent l'ordre exprès de s'y rendre, d'après les deux premiers évangélistes, ou bien Jérusalem, suivant l'injonction qui leur fut faite de s'y tenir jusqu'à ce qu'ils fussent revêtus de la vertu d'en haut, comme le rapportent les deux autres ?

LE MISSIONNAIRE.

Il faut d'abord remarquer à ce sujet que les évangélistes n'ont pas voulu écrire une histoire suivie de la résurrection de Jésus-Christ, non plus que de sa vie, mais seulement des mémoires sur sa vie et sur sa résurrection : ce qui fait que, sans se contredire, ils rapportent chacun des parties différentes et indépendantes de la même histoire.

Venant ensuite aux difficultés proposées, il est aisé de les éclaircir en faisant observer, premièrement, qu'il y eut plusieurs visites des femmes au tombeau, et que ces visites furent faites en différents temps ; — secondement, qu'il y eut aussi plusieurs apparitions des anges, et que ces anges n'étaient pas toujours visibles ; — troisièmement, que si Jésus fait dire aux apôtres qu'ils le verront en Galilée, cela n'implique nullement qu'ils ne le verraient nulle part ailleurs, entre autres qu'ils ne le verraient pas à Jérusalem ; — quatrièmement enfin, qu'on ne saurait prouver qu'aucun de ces faits contredise quelqu'un de ceux que l'autre évangéliste a jugé à propos de rapporter ; et que, pour conclure du silence d'un évangéliste contre la réalité ou la crédibilité d'un fait raconté par l'autre, il faudrait faire voir auparavant qu'un fait rapporté par un historien doit être regardé comme faux, parce qu'un autre n'en parle point.

LE PROLÉTAIRE.

Je crois que vous en avez dit assez pour répondre aux objections les plus sérieuses qu'à l'évidence oppose la prévention.

Pour moi, je ne vois pas pourquoi l'on aimerait mieux supposer que la vie entière des apôtres et de leurs disciples a été l'illusion d'un songe, plutôt que d'admettre la résurrection de Jésus-Christ. Quoi qu'il en soit de l'aveuglement de certaines gens, arrivons enfin, s'il vous plaît, aux conséquences merveilleuses qui me semblent résulter d'un si grand événement, même dès cette vie, en faveur de la grande famille humaine.

LE MISSIONNAIRE.

J'en vois deux principales, dont l'une est que le christianisme, que Jésus-Christ a fondé par ses apôtres, et qui a commencé par établir le règne de la charité, et par nous en découvrir tous les devoirs, continuera de faire les destinées du monde nouveau de l'humanité ; l'autre, que l'univers entier sera un jour réglé et sanctifié par sa doctrine.

LE PROLÉTAIRE.

Eh bien ! cette doctrine de Jésus-Christ, qui a été prêchée depuis sa résurrection, et qui n'a jamais été abandonnée de son Église, c'est à nous à en continuer le merveilleux progrès.

LE MISSIONNAIRE.

Oui, c'est sur nous tous que repose maintenant cet apostolat; nous nous montrerons dignes, je l'espère, d'une telle mission, et nous ne ternirons pas le nom de chrétien que nous devons chérir comme notre plus glorieux héritage.

LE PHILOSOPHE.

Il me semble qu'il y aurait une mission plus sainte et plus auguste : ce serait d'apprendre aux hommes à pratiquer la morale, qui est la connaissance de nos devoirs envers autrui et envers nous-mêmes.

LE MISSIONNAIRE.

Sans être plus sainte et plus auguste que la première, cette mission n'en est pas moins importante. Aussi notre prochain entretien sera-t-il des moyens d'accomplir la loi de l'amour de Dieu et du prochain, qui est la morale même perfectionnée.

VIII

DES MOYENS D'ACCOMPLIR LA LOI DE L'AMOUR DE DIEU & DU PROCHAIN.

LE MISSIONNAIRE.

Jésus-Christ, qui est venu accomplir le mystère de la régénération de l'homme et le perfectionnement de la société, nous commande d'aimer Dieu plus que nous-mêmes et le prochain comme nous-mêmes, pour l'amour de Dieu. C'est à ces deux amours, qui donneront des ailes à notre âme pour monter au Ciel, qu'il a réduit toute la substance de sa loi. Mais pour que ces amours croissent au fond de nos cœurs et y fassent fleurir les vertus et fructifier les bonnes œuvres, il faut que nous demeurions en lui et lui en nous : « comme la branche, nous dit-il, ne peut porter de fruits si elle est séparée de la vigne, il en est de même de vous : Vous ne pouvez rien, sans moi. »

C'est pour cela que sa sainte Église nous enseigne à son tour que pour être animés du véritable amour de Dieu et du prochain, sans lequel il nous est impossible de parvenir à la félicité suprême, qui est toujours, malgré que nous en ayons, le principe et le terme de nos actions, nous avons besoin non-seulement des lumières de la foi, que Dieu ne refuse jamais à l'âme qui suit la droite raison, et qui fait agir la volonté comme la loi le commande, mais encore des inclinations de la grâce, qui opère sur nos âmes et les attire par une attraction spirituelle vers le ciel ; comme aussi de la prière, qui nous met avec Dieu dans des rapports de dépendance, de confiance et d'amour.

LE PROLÉTAIRE.

Je comprends très-bien que pour atteindre au bonheur suprême, qui est la secrète aspiration de tous les hommes, il faut régler sa vie et ses actions.

Mais, premièrement, qu'est-il besoin que notre entendement soit éclairé par les lumières de la foi dans la conduite de la vie? N'y a-t-il pas d'autres principes pour la moralité de nos actions et la pureté de nos intentions?

LE MISSIONNAIRE.

Il y a ceux qui nous sont offerts par la philosophie ; mais que peuvent-ils pour régler nos actions? rien, presque rien, si même ils ne vont jusqu'à en corrompre la pureté.

LE PHILOSOPHE.

Je ne suis pas du tout de cet avis ; je tiens la philosophie comme étant merveilleusement propre à disposer l'âme à aimer la sagesse et à bien vivre dans la vie.

LE MISSIONNAIRE.

Sans prétendre jeter de la défaveur sur la philosophie, qui, contenue dans ses véritables limites, peut être très-favorable au développement de nos facultés, j'ose affirmer qu'elle est tout à fait impuissante pour nous diriger dans la vie : malgré ses belles maximes, elle n'est bonne que quand on n'en a que faire.

LE PHILOSOPHE.

Eh quoi! comptez-vous pour rien et la raison, qui est une émanation ou un rayon de celle qui est en Dieu; et l'instinct moral, qui, tout en agissant en nous en un instant, est un guide aussi sûr que la raison; et l'honneur, qui est une certaine force d'opinion qui, une fois établie dans la société, nous rend capables des actions les plus pénibles, les plus grandes et les plus généreuses; et les lumières, qui sont des connaissances qui, jointes à l'expérience des siècles, augmentent de jour en jour parmi nous; et les lois, qui, prises dans le sens le plus étendu, sont la raison humaine en tant qu'elle gouverne tous les peuples de la terre; et la civilisation, qui, ayant pour objet l'accroissement des richesses, a pour but le bien-être général, et par conséquent la moralité de la société?

LE MISSIONNAIRE.

J'ose soutenir que ces différents principes, sans la foi chrétienne, ne valent guère mieux que les doctrines du matérialiste, qui ne croyant qu'à cette vie de la chair, exalte son règne, le substitue à celui de l'âme, et veut que l'esprit n'ait d'autre but de son activité que l'accroissement des plaisirs charnels.

Car, premièrement, la raison, qui est si grande par sa nature, ne s'égare-t-elle pas souvent en nous, faute de voir tous les vrais principes? souvent même, n'est-elle pas obscurcie et comme éteinte par un enchaînement de passions qui se succèdent les unes aux autres?

Secondement, l'instinct moral, étant à lui-même sa règle, n'est-il pas un guide moins sûr et plus faillible que la raison? Et ne serait-il pas bien plus dangereux de le suivre à l'égard de la justice et de la vertu?

Troisièmement, l'honneur est-il toujours conforme aux vrais principes de la morale? Ne pourrait-on pas dire que, sans inspirer la vertu, il n'est propre qu'à donner au monde un fantôme de vertu et de constance?

Quatrièmement, les lumières ne tendent-elles pas à flatter l'orgueil dangereux de l'esprit plutôt qu'à produire des sentiments de vertu?

Cinquièmement, les lois se chargent, il est vrai, de punir les actions extérieures ou les crimes quand ils n'échappent point à leur sanction;

mais croyez-vous qu'elles puissent donner des mœurs ou combattre les vices du cœur?

Enfin la civilisation n'est-elle pas pour les nations un élément de corruption autant que de moralisation, par la fureur qu'elle excite dans les âmes de posséder des biens fragiles et périssables, et par l'abaissement moral qu'elle y produit?

LE PHILOSOPHE.

Eh bien! indépendamment de ces principes que vous paraissez contester, les philosophes nous proposent la vertu pour règle de notre conduite. Elle est, disent-ils, fondée sur les règles éternelles de la bonté et de la justice; elle sert à notre perfection, elle donne le plus grand plaisir qui se puisse concevoir : si les fripons connaissaient les avantages qui sont attachés à sa pratique, ils deviendraient vertueux par friponnerie; c'est avoir une volonté déréglée que de n'avoir point égard à ses règles.

LE MISSIONNAIRE.

C'est bien dit à eux. Mais pour y donner naturellement et constamment notre consentement, il faut que les raisons soient prises de la Révélation; autrement, privée de base et de sanction, la vertu, dont les charmes sont si grands que les hommes en seraient enchantés s'ils pouvaient la contempler des yeux de la chair, sera très-féconde en disputes et très-stérile en effets.

Mais, sans avoir besoin de vous rappeler les opinions si contraires des philosophes eux-mêmes à ce sujet, force est de reconnaître que nos inclinations la contredisent cette vertu, tout infiniment supérieure qu'elle soit aux biens de la terre; et que le bonheur, auquel nous aspirons inévitablement dès le berceau, nous donne le souverain droit, en nous considérant sous l'empire de la seule nature, de nous immoler tout ce que nous désirons, ou tout ce qui nous fait obstacle.

LE PHILOSOPHE.

Mais si la philosophie, selon vous, est vaine et dangereuse; si, impuissante à assurer le triomphe de l'esprit sur le corps, elle n'est bonne qu'à nous faire aimer la vie de la chair, d'où vient cependant qu'il y en a beaucoup dans le monde qui, sans croire à la Révélation, sont de fort honnêtes gens?

LE MISSIONNAIRE.

Ils le sont, grâce à l'éducation, à l'habitude de la vertu ou à un heureux naturel. Mais il en est d'autres qui, sans pouvoir être déterminés par des motifs si faibles, marchent par la voie la plus aisée, et qui gêne le moins leurs passions; ce qui va si loin, considérés en corps de nation ou de société, que tous les écrivains qui traitent du droit public ont remarqué qu'en l'absence d'une foi divine qui leur montre ailleurs le terme de leurs destinées, les nations perdent le sentiment de leurs devoirs, et finissent par s'ensevelir au sein de la matière.

LE PROLÉTAIRE.

Ils étaient bien fondés à le dire, s'il n'y a que la foi chrétienne qui nous découvre la fin et la règle de nos actions.

Mais après avoir reconnu que, sans ses lumières, nous pouvons tomber dans une étrange dépravation, voyons comment il est encore impossible de pratiquer les vertus qui mènent à Dieu, sans les inclinations que la grâce inspire.

LE MISSIONNAIRE.

N'est-il pas vrai qu'outre ce principe fondamental en religion, que notre nature est corrompue et déchue de Dieu, il faut bien reconnaître que nos inclinations se rapportent à l'amour de la vie et des plaisirs du monde? D'où il suit que si elles ne sont pas attirées, à l'aide d'une puissante excitation de la grâce, vers les choses les plus hautes que la foi nous représente, elles nous feront incliner aux créatures, nous pousseront aux choses sensibles, nous rendront captifs des biens temporels, en un mot, nous feront négliger la partie céleste pour la partie terrestre.

Si nous voulons voir combien nous pouvons nous gâter, et nous éloigner loin du terme vers lequel nous devons tendre, pendant que nous vivons sous l'empire de la seule nature, nous n'avons qu'à considérer le genre humain avant la venue de Jésus-Christ. Nous reconnaîtrons à sa honte, qu'il n'y a rien dans la nature qui n'ait été capable, comme parle Pascal, de tenir la place de sa foi et de son bonheur, astres, éléments, plantes, animaux, insectes, maladies, guerres, crimes, etc.

LE PHILOSOPHE.

Cependant vous ne pouvez nier que, malgré

la prodigieuse inclination du genre humain à l'idolâtrie, il n'y ait eu des philosophes tels qu'Epictète, qui ont compris quel devait être notre bien; et qui ont enseigné que nous pouvions nous rendre parfaits, connaître Dieu parfaitement, l'aimer, lui obéir, lui plaire, surmonter tous nos vices, acquérir toutes les vertus, et nous rendre saints et compagnons de Dieu.

LE MISSIONNAIRE.

C'est fort bien ; mais comme ils ont enseigné que nous pouvions en venir là par les seules forces de notre esprit et de notre volonté, ne se sont-ils pas perdus dans la présomption?

Car s'il est vrai de dire qu'il suffit de notre esprit et de notre volonté, éclairés toutefois par les lumières de la sagesse de la terre et dirigés par ses règles, pour nous faire pratiquer la force, la tempérance et la prudence, suffit-il de ces deux puissances pour nous apprendre à nous défier des plaisirs, à nous défier des honneurs, à nous défier de nous-mêmes? Suffit-il de ces deux puissances pour nous élever jusqu'à Dieu sans orgueil, et pour nous égaler aux vers de terre sans abjection? Suffit-il de ces deux puissances pour nous faire produire des mouvements de vraie charité, à laquelle n'ont pu atteindre, dans le paganisme, les âmes les plus généreuses, les intelligences les plus hautes?

Qui ne voit que, pour dégager notre âme de l'amour du monde, et la faire mourir à ses passions, il faut que Dieu même, comme l'enseigne le christianisme, lui fasse concevoir du dégoût pour les délices du péché, et la fortifie par une sainte et salutaire confiance en sa miséricorde? Qui ne sent que, pour nous attacher uniquement et invinciblement à Dieu, il faut que Dieu lui-même, suivant la doctrine chrétienne, nous fasse sentir, d'un côté, notre mortalité et notre néant, et nous découvre, de l'autre, sa grandeur et son éternité? Qui ne comprend que, pour nous porter à étendre notre amour sur tous les hommes, sans en excepter nos persécuteurs, il faut que Dieu nous persuade, par la vérité de la Révélation, que tous les hommes, étant sortis de lui, et devant y retourner, sont comme le même homme, et solidaires par conséquent?

LE PHILOSOPHE.

J'insiste, et je dis que, si vous admettez la nécessité de la grâce divine pour la pratique de ces hautes vertus qu'enseigne le christianisme, il faut en conclure que le christianisme demande des vertus au delà de la nature, et que nous ne sommes que des automates qui ne faisons rien, et dans qui Dieu fait tout.

LE MISSIONNAIRE.

Tant s'en faut que nous soyons conduits à ces conclusions. Car, premièrement, les vertus qu'enseigne le christianisme, et qu'il exige de nous, sont avouées par la saine raison, et se trouvent en harmonie avec la partie morale de notre être, nos pensées, nos affections, et nos sentiments; en sorte qu'il suffit de nous les montrer pour les reconnaître et même pour nous y attacher. Et encore que les moyens d'acquérir ces vertus ne soient pas en notre pouvoir, nous n'avons toutefois pour les obtenir qu'à faire, suivant la doctrine du concile de Trente, ce que nous pouvons, et à demander ce que nous ne pouvons pas.

En second lieu, bien loin d'être des automates alors que les inclinations de la grâce triomphent en nous de celles de la nature, nous sommes, au contraire, parfaitement libres, puisque nous agissons avec un plaisir extrême qui ne trouble point notre volonté, mais la calme en la plaçant à une hauteur où les agitations et les tempêtes de la vie humaine ne peuvent l'atteindre ni l'entraîner.

Notre âme, sous le souffle de Dieu, dit Origène, est comme un navire qui marche les voiles déployées : le vent le pousse, mais il a un pilote pour le diriger.

LE PROLÉTAIRE.

Par les choses qui ont été dites, je comprends que Dieu se sert de la grâce pour agir intérieurement dans les âmes, et y répandre ses dons. C'est sans doute pour être sans cesse sous cette influence divine que nous avons besoin de la prière dans la conduite de la vie.

LE MISSIONNAIRE.

Oui, certainement, si nous ne voulons nous priver de ce qu'il y a de plus précieux et de plus désirable.

LE PHILOSOPHE.

Je veux bien convenir que, s'il existe une nature parfaite, souveraine et bienfaisante, on ne saurait lui refuser raisonnablement ses adorations et ses hommages. Mais vous m'avouerez aussi que cette nature, étant la souveraine justice, n'a pas besoin de nos prières. Son culte ne peut consister que dans l'adoration ; la prière doit en être bannie d'une manière absolue.

LE PROLÉTAIRE.

Avec votre permission, je crois, au contraire, que le culte que nous reconnaissons être dû à Dieu par des êtres infirmes et malheureux comme nous le sommes, doit consister principalement dans les demandes, les vœux et les supplications.

LE PHILOSOPHE.

Pardonnez ; vous êtes sensible, mais la nature ne s'accommode pas de ces sentiments. Je répète donc, « que toute prière dans ce sens, ne pouvant être qu'une demande de dérogation aux lois immuables de l'Éternel soit dans l'ordre physique, soit dans l'ordre intellectuel, soit dans l'ordre moral, est un culte insensé autant qu'impie. C'est l'injure la plus grossièrement impie qu'il soit possible de faire. »

LE MISSIONNAIRE.

Quoi ! la prière, cette respiration de l'âme,

cette rosée qui la rafraîchit, ce lien qui l'attache au ciel ; la prière qui a je ne sais quel charme doux et puissant qui parfume la joie, adoucit l'affliction, et fait oublier la mort ; la prière qui est notre premier besoin, et par laquelle nous commençons à posséder Dieu, serait un acte insensé autant qu'impie !

Non, la prière, dans l'ordre physique, n'est point une injure à Dieu, quand elle serait une demande de déroger aux lois générales de la nature. Car si Dieu a résolu de toute éternité de vous accorder votre demande, et de déroger ainsi aux lois générales, où serait l'injure, s'il vous plaît, puisque dans ce cas Dieu n'aurait point changé de volonté ?

Non, la prière, dans l'ordre intellectuel, n'est point un acte insensé, car prier dans cet esprit, c'est étendre la sphère de ses idées et de ses sentiments ; s'élever à sa source pour se retremper comme le germe des plantes au sein de la terre ; se pénétrer de l'amour infini qui plane sur la création ; enfanter de grandes pensées et de nobles sentiments ; puiser enfin à la source de toute inspiration ces principes sûrs, ces accents de vérité, ces lumières surnaturelles qui éclairent et enchantent le monde.

Non, la prière, dans l'ordre moral, n'est point une impiété, mais la manière la plus efficace pour élever son entendement aux choses qui ne passent point ; pour fortifier sa volonté faible et bornée, et rendre sa vie conforme à ce qui est éternel.

LE PHILOSOPHE.

Voilà, certes, un grand orgueil ! Comment des malheureux qui ne sont que d'hier pourraient-ils se rendre semblables à Dieu ? Passe encore pour élever jusqu'à lui ses désirs et ses espérances ; mais vouloir se détacher des choses sensibles pour vivre de la vie des esprits !

LE MISSIONNAIRE.

Eh, mon Dieu ! ce n'est pas un orgueil, mais un devoir : toute créature doit graviter vers sa perfection relative pour parvenir à sa fin ; et la fin de l'homme, c'est la perfection infinie elle-même.

LE PROLÉTAIRE.

Vous parlez là d'une manière de prier bien sublime ; je tiens cependant que la prière la plus simple, qui a sa source dans la foi, et qu'un commencement d'amour inspire, est tout au moins aussi agréable à Dieu.

LE MISSIONNAIRE.

Oui, certes ; et si elle n'a pas toujours des effets extraordinaires, elle agit néanmoins en toute occasion secrètement et même par des effets sensibles, dont le premier est de nous relever ou de nous soutenir au milieu des orages ; et le second, de nous calmer par une pleine résignation à la Providence. Aussi Jésus-Christ nous engage-t-il à prier toujours, et à ne cesser jamais.

LE PHILOSOPHE.

Il vous serait difficile de remplir cet engagement. Une prière perpétuelle est-elle possible ?

LE MISSIONNAIRE.

Rien n'est plus aisé. Il ne s'agit pas de consacrer toutes les heures de la journée à prier ; il suffit de faire à Dieu un hommage continuel du sacrifice de ses passions et de l'accomplissement des devoirs de son état.

LE PHILOSOPHE.

A merveille ! Vous n'avez donc plus que faire

des pratiques extérieures de religion, des génuflexions, des inclinations, et de tout le reste du culte, auquel pourtant vous semblez attacher beaucoup d'effet et beaucoup d'importance.

LE MISSIONNAIRE.

Vous ne parlez ainsi que parce que vous n'avez jamais écouté que votre raison. Si vous consultiez l'expérience, elle vous dirait que les pratiques extérieures du culte sont plus propres qu'on ne le pense communément à entretenir la vertu, à nourrir la piété, à élever l'âme à Dieu.

L'homme retomberait sans cesse vers la terre, il serait serf par nature, si les chants harmonieux, l'enchantement de l'éloquence sacrée, les rites saints de la religion, ne venaient réveiller au fond de son cœur le sentiment de l'infini et l'espoir d'une existence sublime.

LE PHILOSOPHE.

Eh bien ! j'en reviens à ce que j'ai dit, soyons simples adorateurs. Mais nous imaginer que la souveraine majesté de Dieu s'abaissera jusqu'à nous, aveugles et misérables, afin de vouloir ce que nous voulons, c'est vraiment trop fort ; mais apparemment que les chrétiens sont doués d'une foi robuste !

LE MISSIONNAIRE.

Vous n'auriez pas même raison en parlant ainsi de la foi des païens. Mais pour celle des chrétiens, il faut que vous sachiez qu'elle se fonde non-seulement sur la bonté de Dieu, qui, nous ayant donné l'être, voudra nous donner, à plus forte raison, ce qui n'est qu'un accessoire ou une conséquence de l'être, mais encore sur les mérites infinis du Christ sauveur, au nom duquel Dieu ne peut rien refuser.

LE PHILOSOPHE.

Mais si vous pouvez tout obtenir en priant par l'esprit de Jésus-Christ, quand son esprit vous pousse et vous anime à la prière, d'où vient que votre espoir d'être écouté ne se réalise pas toujours, et que vous invoquez encore à cet effet, à la manière des idolâtres, d'autres médiateurs que Jésus-Christ, tout en professant néanmoins qu'il n'y a pas d'autre nom par lequel on puisse être exaucé ?

LE MISSIONNAIRE.

Quand nous n'obtenons pas ce que nous avons

demandé, même d'une manière pressante et avec foi, c'est que nous avons demandé mal pour avoir de quoi satisfaire nos mauvais désirs. Ce n'est qu'en s'attachant à demander ce qui regarde principalement le salut qu'on peut tout espérer de Dieu.

Pour ce qui est des saints, qui ne peuvent avoir d'autre mérite que par Jésus-Christ, ni connaître probablement nos besoins que dans l'essence infini de Dieu où toute vérité est comprise, nous sommes si éloignés de reconnaître qu'ils peuvent nous accorder des grâces par eux-mêmes, que nous les prions de vouloir bien prier avec nous notre commun maître, au nom de notre commun médiateur. « Et en cela, dit Bossuet, nous agissons dans le même esprit de charité, et selon cet ordre de société fraternelle qui nous porte à demander le secours de nos frères vivants sur la terre. »

LE PHILOSOPHE.

On ne peut mieux raisonner, quand on a la foi ; mais si l'on peut tout obtenir au nom de Jésus-Christ, il n'y a donc qu'à attendre tout de ses mérites, sans avoir besoin d'agir.

LE MISSIONNAIRE.

Il ne faut pas seulement prier, demander, comme si Jésus-Christ devait tout faire tout seul, mais chercher de son côté, et faire agir sa volonté avec la grâce ; tout se fait par ce concours, ainsi que l'enseigne l'Église.

LE PROLÉTAIRE.

Avec une doctrine si pure, je suis vraiment étonné de rencontrer un si grand nombre d'incrédules.

LE PHILOSOPHE.

Et moi, je le suis davantage de voir tant de mauvais chrétiens qui gardent la foi au milieu de la corruption de leur cœur et des désordres de leur vie.

LE MISSIONNAIRE.

Il faut admirer la force de la vérité qui, tout obscurcie qu'elle est dans ces âmes asservies au péché, ne laisse pas de les gourmander pendant presque toute leur vie.

LE PROLÉTAIRE.

On doit convenir pourtant que notre condition est des plus malheureuses, lorsque la foi n'habite pas en nous avec la justice.

LE MISSIONNAIRE.

Nous serons heureux si nous la faisons fructifier en bonnes œuvres ; elle est l'échelle par laquelle nous pouvons monter à l'amour céleste.

LE PHILOSOPHE.

En attendant, il faudrait étendre l'amour du prochain dont nous avons parlé sur tous nos semblables, si l'on démontrait jamais que nous sommes réellement tous frères.

LE MISSIONNAIRE.

C'est bien aussi parce que la morale, *essentiellement indépendante* de l'homme, impose des obligations auxquelles on ne peut se soustraire sans se dégrader et se perdre, que nous traiterons bientôt la question de la fraternité universelle, qui sera d'ailleurs d'une très-grande importance pour la suite de nos entretiens.

IX

DE LA FRATERNITÉ.

LE MISSIONNAIRE.

Après avoir reconnu comment Dieu, de qui tout émane et en qui tout a sa raison d'existence, se montre à nous dans ses œuvres sous les attributs éternels de sa puissance, de sa sagesse et de son amour ; après avoir admis l'existence d'une âme immatérielle et immortelle pour satisfaire à des phénomènes que nous ne pouvions expliquer sans elle ; après avoir enfin démontré le caractère immuable de la religion chrétienne qui, par la résurrection de son divin fondateur, a obtenu du ciel la lettre de créance la plus authentique qui puisse exister ; et compris la nécessité de la foi et de la grâce pour la pratique de l'amour de Dieu et du prochain, il est d'une extrême importance d'examiner si tous les hommes qui habitent la surface du globe, sans en excepter les nègres et les sauvages, sont des rameaux détachés de la tige commune à laquelle ils appartiennent par leur origine.

LE PROLÉTAIRE.

Oui, il est nécessaire d'établir cette vérité qui nous fait considérer tous les hommes comme membres d'une seule et même famille, par laquelle tous les peuples deviennent nos amis, et les opprimés de tous les pays ont droit à notre commisération.

LE PHILOSOPHE.

Si je ne m'abuse, vous aurez de la peine à résoudre dans ce sens la question. Ce qui est bien sûr, c'est que les législateurs de l'antiquité n'ont point connu ce principe de sociabilité : témoin l'esclavage, que, bien loin de regarder comme un crime de lèse-humanité, ils consacrèrent dans leurs systèmes politiques, et qui se manifesta sur une grande, une gigantesque échelle dans le monde ancien et primitif.

LE MISSIONNAIRE.

C'est bien cela tout à fait ; aussi ne purent-ils trouver les vrais principes de la justice, et les lois qu'ils firent ne furent point le résultat et la manifestation des rapports qui existent entre les hommes.

Ce n'est que du jour où la fraternité fut prêchée au monde avec l'Évangile qu'elle commença à entrer dans le droit des nations. Mais qu'il fallut de temps pour que le sentiment fraternel et chrétien fût identifié avec le sentiment social !

L'esclavage subsista longtemps avec les débris de l'ancienne civilisation. Il fut enfin aboli ; mais la féodalité, qui avait ressaisi au moyen âge la portion du genre humain affranchie par le christianisme, ne l'a guère été que depuis un demi-siècle.

LE PROLÉTAIRE.

C'est fort bien: Mais cette fraternité humaine que le Christ sauveur a proclamée depuis bientôt deux mille ans, et avec laquelle il s'agit de fonder ou du moins de resserrer l'unité sociale, comment la concevez-vous?

LE MISSIONNAIRE.

Je la conçois sous le rapport physique et moral, et c'est aussi sous ce double point de vue que j'essayerai de l'établir.

Et premièrement, sous le rapport physique, par l'unité qui existe dans l'espèce humaine, et l'identité qu'elle conserve dans tous les climats. Et encore, le dirai-je? par l'impossibilité d'expliquer, contrairement à la doctrine chrétienne, comment l'homme, qui bien certainement n'est pas éternel, a pu commencer.

LE PHILOSOPHE.

Quoi! vous prétendez nous faire parvenir à cette connaissance, en insinuant que tous les hommes sont sortis, par voie de génération, d'Adam et d'Ève?

LE MISSIONNAIRE.

Non; je ne prétends pas, avec les faibles lumières de notre raison et de notre expérience, vous dévoiler le mystère de notre génération, et atteindre à la source de notre céleste origine; mais je pense qu'il y a des lois générales, immuables, éternelles, auxquelles toute la nature est soumise; et que les sciences naturelles, fondées sur ces lois, nous offrent assez de secours pour découvrir que nous avons tous une origine commune, et que cette origine résulte d'une souche primitive.

LE PHILOSOPHE.

L'espèce humaine serait seule de son genre! tous les hommes ne seraient qu'une seule et même famille! C'est sans doute tout le contraire que vous voulez dire. Car comment tant de peuples, si différents par la couleur des yeux, des cheveux et du visage, auraient-ils la même origine? comment tant de races distinctes et permanentes, et dont trois se font remarquer par des caractères beaucoup plus faciles à saisir, je veux dire, l'arabe ou caucasique, la mongole et la nègre ou éthiopique, ne formeraient-elles qu'une seule et même espèce?

LE MISSIONNAIRE.

Oui, ces grandes races, dont se compose notre espèce, n'empêchent pas qu'elle ne soit seule de son genre. Les variétés qu'on y remarque sont dues à l'influence du climat auquel l'homme est soumis. Pour vous en convaincre, vous n'avez qu'à considérer la puissance assimilatrice qu'un même climat exerce sur les différentes familles qui couvrent la même étendue de pays. Vous les verrez, quoique d'origine très-variée, et malgré leurs conformités particulières, se rapprocher successivement, et se confondre dans une même existence nationale. La nôtre en est une preuve sensible.

LE PHILOSOPHE.

Mais quand je vous aurais accordé que les variétés particulières, héréditaires, de l'espèce humaine, sont l'ouvrage du climat ; qu'il a pu à la longue en altérer les téguments, et changer du blanc au noir ou du noir au blanc, la couleur de chaque race en particulier, vous ne me persuaderez pas qu'il a pu agir assez profondément sur les parties solides de l'homme pour en dénaturer les proportions, et imprimer aux différentes races de notre espèce ces dimensions particulières qu'elles conservent constamment sous la ligne comme auprès des glaces septentrionales.

LE MISSIONNAIRE.

Cependant, quelque profondes, quelque durables que soient les altérations qu'a éprouvées l'espèce humaine depuis qu'elle a commencé d'exister, sa forme essentielle n'a pas changé, le type et le germe de l'homme est toujours le même.

Mais pour en venir au climat, vous ne pouvez nier qu'il n'ait pu produire dans le temps ces grandes variétés de l'espèce humaine, comme il en produit encore les variétés secondaires, si vous venez à faire réflexion qu'à l'époque de la grande catastrophe, qui a bouleversé la surface du globe (II) et produit les différentes races, tous les éléments dont la réunion compose ce que nous appelons l'influence du climat, présentaient, comme l'observe Lacépède, une puissance bien supérieure à ce qu'ils peuvent manifester maintenant, où un calme d'un grand nombre de siècles a succédé à ces temps d'agitation et de désordre.

LE PHILOSOPHE.

Mais si vous faites dépendre de l'influence du climat les grandes variétés qui distinguent les races humaines (III), il vous faudra faire dépendre aussi de la même cause leur perfectionnement moral et intellectuel, qui a un rapport si frappant avec la succession des formes cérébrales, sous la dépendance desquelles elles vivent, sans être absolument maîtres de la direction de leur esprit.

LE MISSIONNAIRE.

Non ; mais des mœurs, des événements historiques, de la forme des croyances religieuses, en un mot, des causes morales qui, à leur tour, agissent sur les caractères primitifs des races, et en modifient les organes et les fonctions, en vertu de leur correspondance réciproque, et de l'empire que la volonté exerce immédiatement sur les parties d'où dépendent tous les mouvements du corps, c'est-à-dire sur le cerveau.

LE PROLÉTAIRE.

Si cela est comme vous le dites, ce n'est que par l'application du principe de la fraternité à tous les peuples qu'on peut réaliser l'unité des races, qui semble être le vœu de la nature.

Mais sans nous embarrasser dans cette nouvelle question, dites-nous donc quels sont les caractères qui résistent à toutes les influences naturelles et sociales, et qui nous aideront à connaître que nous avons tous une origine commune?

LE MISSIONNAIRE.

Est-ce que ces caractères vous ne les avez pas vus partout dans la nature humaine? Et cette structure, et cette forme, et cette physionomie dont l'analogie est commune à tous les individus de notre espèce, ne sont-ce pas évidemment des preuves d'une même origine? Car ces traits caractéristiques ne viennent pas des autres espèces d'animaux; ils leur sont incommunicables, au contraire; et ils se conservent dans la nôtre indéfiniment par voie de génération, quelles que soient, d'ailleurs, les variétés individuelles, accidentelles ou même transmissibles, qui ne dépendent point de différences organiques fondamentales.

LE PHILOSOPHE.

Et voilà précisément ce que je vous nie. Vous dites que les espèces d'animaux ont des différences permanentes et incommunicables. Mais observez seulement cette sorte de gradation et de passage d'une espèce à une autre qui ne peut être niée; songez à généraliser cette disposition et à l'appliquer à la totalité des êtres répandus sur la surface du globe, et vous serez porté à penser avec Lamarck et Cabanis, que l'organisation, se modifiant incessamment elle-même, et par suite les espèces et les genres, la nôtre a bien pu arriver à sa forme propre, la plus harmonieuse de toutes les formes, après avoir passé par tous les degrés de l'existence animale, depuis l'état d'animalcule microscopique jusqu'à l'état humain, qui est le complément de l'animalité.

LE PROLÉTAIRE.

Vous dites-là une chose qui m'étonne. Quoi! l'homme aurait passé par toutes les formes possibles pour arriver enfin à la seule qui lui soit propre, et qui le distingue de toutes les autres! Mais est-il permis de croire à une opération de cette nature que personne, que je sache, n'a vue?

LE MISSIONNAIRE.

Et cela seul suffirait pour faire rejeter un tel système, s'il n'était de tout point insoutenable.

En effet, si l'on doit poser avant toutes choses cette vérité, que la nature est soumise à des lois certaines, à des règles immuables, de façon que tout s'y fait par un principe qui ne change jamais, comment, dans les temps anciens, les êtres auraient-ils pu se produire, ainsi que nous l'avons remarqué dans notre premier entretien, par toute autre voie que celle qui maintient encore aujourd'hui toutes les espèces d'animaux? Comment la matière, si constante dans le nombre des propriétés qui la constituent, aurait-elle pu en manifester d'autres dans la production des grands animaux ainsi que des hautes espèces qui ont apparu successivement à la surface du globe? Mais ce qui prouve surtout la fausseté d'une pareille hypothèse, c'est que, pour l'admettre, il faudrait nier la différence essentielle qui existe entre les corps bruts et les corps organisés. De plus, il faudrait rejeter le type originel qui distingue le règne végétal du règne animal. De plus aussi, il faudrait confondre toutes les lois de la génération des corps vivants et organisés qui, ayant une forme stable, ne permettent point de supposer des changements par la voie de la production.

LE PHILOSOPHE.

Eh bien! si on voit de l'impossibilité à comprendre que la matière ait pu toute seule se donner de telles formes, et produire des êtres vivants et organisés, on ne doit avoir aucune difficulté à admettre, avec Schelling et son école, que tous les êtres organisés, depuis le plus simple jusqu'au plus composé, présentent, à un degré plus ou moins sensible, le même nombre de pièces ou d'organes, et à reconnaître dans une étoile de mer, par exemple, tout ce qu'on rencontre dans l'homme.

LE PROLÉTAIRE.

Quoi! c'est donc parce que l'esprit de l'homme ne peut comprendre une chose qu'il doit en supposer une autre? C'est donc parce qu'il ne peut nier les différences capitales, incommunicables, qui existent entre les règnes, les classes et les espèces, qu'il a recours à cette supposition nouvelle, que tout est dans le tout, et qu'un animal quelconque ne saurait être que la répétition des autres?

LE MISSIONNAIRE.

Vous avez raison de ne pas changer de sentiment dans cette supposition aussi étrange que la précédente; car l'ordre naturel des choses démontre le contraire. On voit en effet que la création se présente soumise au plan général d'une série progressive qui a l'homme pour terme. Les animaux avec vertèbres s'élèvent dans cette série par l'apparition de pièces sans analogues chez les animaux inférieurs ou sans vertèbres. Il n'est pas même permis de douter, depuis les recherches profondes qu'on a récemment faites sur les débris organiques fossiles, qu'il fut un temps où aucun des êtres organisés actuels n'avait encore paru à la surface du globe; et que la transition qui a eu lieu d'un système de formes animales, constaté par les corps organisés fossiles, à un autre système renfermant des formes toutes différentes, n'a pu s'opérer sans l'action d'une puissance créatrice supérieure à celle des lois constantes de la nature.

LE PHILOSOPHE.

J'entends. Mais si l'expérience nous force d'admettre aujourd'hui dans la nature des desseins sublimes, et des lois certaines dans la reproduction des êtres, qui sait s'il en a été ainsi à l'origine? Qui sait si les êtres de notre espèce, ainsi que tous les animaux, n'ont pas été formés au commencement par le rapprochement, le mélange et la combinaison d'un grand nombre de substances qui avaient, de votre aveu, une force et une activité qu'un calme de tant de siècles a émoussées, et si la supposition d'Épicure et de Lamettrie ne serait pas une triste vérité?

LE MISSIONNAIRE.

Vous êtes réduit à faire, avec d'étranges philosophes, des suppositions qui ont pour tout fondement des contradictions physiques ou d'absurdes méprises. Car pour revenir encore à cette question, que nous avons déjà touchée, comment pourriez-vous imaginer, sans admettre une volonté puissante et sage, que les différentes espèces d'animaux qui sont constitués par des différences incommunicables, et se conservent par le moyen des sexes, aient pu naître d'une infinité de formes et de combinaisons de la matière?

D'ailleurs, comment la vie, qui ne naît que de la vie, et qui, par conséquent, a dû commencer avec l'espèce, où elle se transmet de corps vivants en corps vivants, résulterait-elle d'une combinaison fortuite.

Enfin, comment des êtres vivants et organisés, tels que l'homme, et dont les parties ont entre elles tant de justesse et de convenance, eussent-ils atteint leur complet développement, auraient-ils pu vivre un seul instant, faute de nourriture ou de secours ? Y a-t-il à cela de la possibilité ?

LE PROLÉTAIRE.

Notre ami est à bout ; il n'y a pas grand mal à cela. Je vois maintenant qu'il n'y a plus guère d'autres systèmes sur la génération de l'homme qui ne rentrent dans un de ceux que vous venez de combattre victorieusement sur le terrain de l'observation et de l'expérience.

LE MISSIONNAIRE.

C'est là ce que j'entends aussi ; mais qu'une étrange philosophie s'enfonce dans l'enceinte de la matière, et, sans remonter plus haut, forge autant de systèmes qu'il lui plaira pour expliquer l'existence des hommes comme êtres physiques, jamais elle ne pourra expliquer leur existence comme êtres intelligents et moraux ; puisque, comme tels, ils ne dépendent pas plus de la matière vivante et organisée que de la matière passive et morte.

LE PROLÉTAIRE.

Eh bien ! après avoir reconnu sur quel fondement repose la fraternité humaine sous le rapport physique, voyons comment elle peut être établie sous le rapport moral.

LE MISSIONNAIRE.

Il est aisé de juger par tout ce que nous avons dit de la spiritualité de l'âme, que la fraternité humaine peut être établie sur les facultés qui appartiennent essentiellement à notre nature intelligente, et qui ne sont rien moins que la raison, la justice et la perfectibilité ; car ces facultés célestes font rayonner du fond de la conscience des hommes cette communauté d'origine, cette identité de nature qui reluit sur leur front.

Et premièrement, la raison, émanation de celle qui est en Dieu, n'est-elle pas commune à tous, la même pour tous, quoiqu'elle se développe en chacun d'eux selon des degrés différents ? N'est-ce pas elle qui les tient tous comme enchaînés à un même centre de vérités, et qui fait qu'ils sont tous d'accord, malgré eux, sur certaines règles invariables ?

En second lieu, la justice (IV), qui est avec la raison le fond de la nature humaine, et qui ne saurait être qu'une étincelle de celle qui est en

Dieu, ne se fait-elle pas entendre d'un bout de l'univers à l'autre, et ne domine-t-elle pas tellement tous les hommes qu'il n'est personne qui ne convienne qu'il ne faut pas faire à autrui ce qu'on ne voudrait pas qu'on nous fît, et qui n'éprouve à mal faire une répugnance que l'intérêt seul peut lui faire surmonter?

Enfin, la perfectibilité, cette faculté merveilleuse, non pas de savoir, mais d'apprendre et de se développer soi-même, et qui est comme la marque de l'Être infini dont nous sortons, n'est-elle pas, non-seulement sensible dans l'individu, mais encore et principalement dans l'espèce, qui a marché d'affranchissement en affranchissement depuis qu'elle a été imprégnée du principe chrétien?

LE PHILOSOPHE.

Comment pouvez-vous admettre que ces principes de raison, de justice et de perfectibilité soient des facultés essentielles, inhérentes à la nature humaine, puisqu'il y a des sauvages, tels que le Patagon difforme et le hideux anthropophage de la Nouvelle-Hollande, qui ne ressentent en eux que les emportements brutaux de l'amour, de la faim et de la violence?

LE MISSIONNAIRE.

Il est vrai que ces sauvages, qui sont sans doute des tribus détachées de la tige commune, ont fini par déchoir jusqu'à la férocité de la brute. Mais, quelque profonde que soit leur dégradation, ils n'en sont pas moins, par leur nature, essentiellement perfectibles dans le bien comme ils ont été effroyablement progressifs dans le mal. Pour réveiller en eux les facultés divines qui y sont ensevelies, il n'est besoin que du souffle du monde civilisé et chrétien.

LE PHILOSOPHE.

Mais s'il n'était besoin que de nos lumières pour faire entrer les sauvages dans la jouissance des facultés morales, d'où vient qu'il est des hommes qui font partie de notre société civilisée, et qui n'en restent pas moins toujours sauvages sous le rapport moral ? D'où vient qu'ils surpassent même les premiers en abrutissement et en férocité, à certaines époques de fureur et de crimes qu'on appelle révolutions, et dans les guerres faites avec acharnement et poussées jusqu'à l'extrémité?

LE MISSIONNAIRE.

Cela tient à ce que les hommes, en raison même de la perfection à laquelle ils sont obligés de parvenir, ont été créés originairement libres et éminemment pliables jusque dans leur organisation ; de sorte que, lorsqu'ils n'écoutent que les appétits sensitifs ou irascibles de la partie inférieure de leur âme, ils peuvent devenir et deviennent en effet, malgré les lumières de leur raison et tous les progrès de la civilisation, les êtres les plus pervers et les plus féroces. Il est donc certain, même par l'immense dégradation de ceux qui vivent au milieu de nous, que ce n'est pas par une force et une nature supérieures que nous l'emportons sur les sauvages, mais par notre éducation, par nos connaissances et par notre industrie. Ainsi, pour reconnaître des frères en eux, il nous suffit de savoir qu'ils sont pétris du même limon que nous, animés du même souffle de vie que nous, et qu'ils peuvent entrer dans l'adoption des mêmes idées et des mêmes affections.

LE PROLÉTAIRE.

Il est temps, je crois, de mettre fin à cette discussion. Après vous avoir entendu, je suis convaincu plus que jamais que l'universalité des hommes émane d'une même source, et je reçois avec autant d'amour que de respect l'idée d'une fraternité universelle entre tous mes semblables.

LE MISSIONNAIRE.

Je souhaite que tous nos frères pensent comme vous; ils seront plus amis de l'homme et meilleurs citoyens.

LE PHILOSOPHE.

C'est fort bien. Mais comme la question de la fraternité vous conduit à celle de l'égalité, nous verrons comment vous viendrez à bout de l'établir par rapport à la nature et à la société.

LE MISSIONNAIRE.

Ce sera le sujet d'un nouvel entretien.

X

DE L'ÉGALITÉ.

LE MISSIONNAIRE.

Nous avons suffisamment démontré que les hommes, qu'une barrière évidente sépare des animaux, et pour lesquels la Genèse consacre une création à part, sans doute parce qu'ils ne sont pas, comme la brute, des manifestations passives de Dieu, sont tous frères, quelles que soient les différences `qui les distinguent. Nous pourrions en conclure également qu'ils sont tous égaux. Mais comme c'est là une question qui tient à l'essence même de notre nature et aux relations qui doivent exister entre nos frères, il sera bon d'y entrer un peu plus avant, afin de reconnaître plus clairement encore comment nous sommes égaux selon le droit naturel. Nous verrons ensuite comment nous pourrons l'être selon le droit social et politique.

LE PROLÉTAIRE.

En procédant ainsi dans cet examen, ne pourrait-on pas prouver que les hommes sont égaux d'origine et primitivement, par cela seul qu'ils ont fait dans tous les temps les plus grands efforts pour l'être politiquement? Autrement, auraient-ils jamais songé à se donner, à tout prix, des institutions qui n'eussent pas été en harmonie avec les lois primitives de leur nature; et l'égalité eût-elle jamais été proclamée dans aucun pays du monde?

LE PHILOSOPHE.

Comment! Il ne suffit pas qu'on ait déclaré l'égalité dans un État quelconque pour pouvoir tout régler sur ce principe; il faut encore qu'elle soit fondée sur les lois de la nature qui ne sauraient céder à je ne sais quels décrets que le caprice enfante et qu'il détruit de même.

LE MISSIONNAIRE.

Vous avez raison.

LE PHILOSOPHE.

Eh bien ! ne voyez-vous pas que l'inégalité est partout, dans le monde physique comme dans le monde moral ? Ne voyez-vous pas que la nature, qui se varie à l'infini, n'a rien fait d'uniforme, et que les hommes, qui sont son ouvrage, se distinguent par des inégalités physiques, intellectuelles ou morales ? Comment donc oseriez-vous soutenir leur égalité radicale, absolue ? Croyez-vous que les habitants de la Guinée vaillent autant que ceux de Paris ? Les bouffons et les baladins qui jouent leur rôle aux Champs-Élysées vous paraissent-ils égaux aux héros de nos armées ? Nos charlatans font-ils oublier nos orateurs ?

LE MISSIONNAIRE.

Entendons-nous, s'il vous plaît. Je n'admets pas que la nature ait traité de même tous les hommes. Je ne nie pas non plus qu'il n'existe entre eux des différences naturelles ou physiques, et que l'intelligence ne se manifeste différemment, et à certains degrés, dans chaque individu. Je dis seulement que, malgré ces différences qui, du reste, contribuent au bien général de la société, la nature humaine se trouve la même dans tous les hommes. Je dis qu'il en est d'eux comme des étoffes dans lesquelles les dessins et les couleurs sont variés, mais dont le fond est le même.

LE PHILOSOPHE.

Je vous répète que je ne sais ce que vous dites, quand vous prétendez que tous les hommes sont naturellement égaux. Il est assez reconnu qu'ils ne le sont pas par les talents, par les forces physiques, par la beauté, la taille, etc. Mais que fait, je vous prie, l'identité de leur nature au principe de l'égalité?

LE MISSIONNAIRE.

Eh! vous ne pensez pas qu'il s'agit de droit, et que les droits de chaque être dérivent précisément de sa nature. Or, nul doute possible à cet égard. La constitution de la nature humaine est commune à tous les hommes qui naissent, croissent, subsistent et meurent de la même manière; communes aussi sont leur raison et leur volonté, qui ne dépendent, absolument parlant, que des lois éternelles du vrai et du bien.

LE PROLÉTAIRE.

Je ne puis douter de cette vérité en considérant les hommes sous le seul empire de la nature, où ils sont déterminés naturellement à exister et à agir d'une certaine manière indépendante; mais comme ils naissent et vivent en société, qui ne subsiste, bien certainement, que par la subordination, comment pourront-ils rester égaux selon le droit social?

LE MISSIONNAIRE.

Pour répondre à cette autre question, il faut considérer la forme de gouvernement qu'ils se seront donnée.

S'ils ont voulu vivre sous le régime démocratique, ils resteront égaux en exerçant par eux-mêmes la souveraine puissance dans le choix de leurs représentants, et par leurs représentants, la partie de cette même puissance dont ils ne pourraient faire usage sans se transformer en partis politiques, et sans rompre l'unité sociale.

S'il leur a fallu se reposer dans la monarchie, qui est, dit Bossuet, la forme de gouvernement la plus commune, la plus ancienne et aussi la plus naturelle, ils ne pourront être égaux qu'en étant soumis à l'autorité qui a son trône dans la conscience, et en obéissant aux lois portées et publiées conformément aux constitutions de l'État, dont les rois eux-mêmes ne sont pas affranchis.

Quant à la souveraine puissance, élective ou héréditaire, qui aura été établie pour le bien de la société, elle devra en suivre l'esprit, en être la garantie et la consécration. Si elle n'avait pas pour objet la conservation des droits et des intérêts de tous, elle changerait de nature et n'aurait plus de raison d'être.

LE PHILOSOPHE.

D'accord. Mais comme un tel gouvernement, quelle que soit sa forme, que vous voulez faire accepter par un acte plus ou moins explicite de la nation, ne sera pas toujours l'expression de la volonté générale, qu'il ne le sera souvent que d'une faible majorité, que répondrez-vous à la minorité qui ne lui aura pas donné son consentement, et qui pourrait être tentée d'altérer le respect, la fidélité et l'obéissance qui lui sont dus ?

LE MISSIONNAIRE.

Je répondrai que si se soumettre passivement à la volonté d'autrui, c'est abjurer le plus beau de ses droits, fouler aux pieds le plus saint de ses devoirs, c'est nécessité, sagesse, grandeur, de rester soumis à l'autorité reconnue par la majorité, sans laquelle aucun gouvernement ne peut vivre.

LE PROLÉTAIRE.

Ainsi, nous pouvons dire que la soumission raisonnable, dont parle saint Paul, est aussi nécessaire dans l'ordre civil que dans l'ordre religieux.

LE PHILOSOPHE.

Il n'est personne qui ne convienne qu'il faudra s'en tenir au gouvernement qui aura été établi dans son pays. Vous m'avouerez pourtant que le droit que vous semblez reconnaître aux membres d'une société de concourir, généralement et sans exception, à la formation de l'État, est une de ces théories qui auraient dû rester dans le domaine de la spéculation sans passer dans la vie réelle, sans se traduire par des pratiques déterminées et populaires ; car vous savez si c'est là une vérité incontestable, reconnue de toutes les nations et de tous les temps. Vous savez si jamais les différentes formes de gouvernement qui ont été dans le monde, si la démocratie, pas plus que l'aristocratie et la monarchie, a tenu compte des prétendus droits de l'homme; si jamais la fraternité fut identifiée avec le sentiment social; si l'esclave, le paysan, l'artisan, l'indigent, le prolétaire, furent les égaux, devant la loi, de leurs barbares chefs; si enfin la distinction des classes ne mit pas une barrière non-seulement pour les emplois, mais encore pour le genre d'affection. N'y a-t-il pas eu, dans tous les temps, beaucoup de nos prétendus frères qui étaient privés de la capacité d'avoir, et que d'un signe on condamnait à mourir?

LE MISSIONNAIRE.

Je le sais; mais je sais aussi que les vaines opinions qui se contredisent sont fausses, quelque anciennes qu'elles puissent être. Aussi, quoi qu'ait pu faire et imaginer, à différentes époques du monde, une domination égoïste pour empêcher la plus large application possible du principe de l'égalité, elle n'a pu cependant changer la nature de l'homme, en abolir les lois, en détruire les rapports. Les exemples tirés de l'histoire ne prouvent donc que l'abus de la force, ils ne peuvent rien contre le droit, et ne doivent inspirer aucune crainte pour l'avenir.

LE PROLÉTAIRE.

Je le crois ; je crois que la société ne peut rétrograder vers son passé, parce que ses révolutions progressives, volontairement accomplies, ne sont que le résultat de la marche de l'humanité vers le perfectionnement attaché à sa nature. Mais après avoir reconnu par quels moyens les hommes peuvent être égaux selon l'ordre social, il nous reste à rechercher comment il se maintiendront tels selon l'ordre politique.

LE MISSIONNAIRE.

Cela n'est pas difficile à concevoir. Vous savez que dans tout État, démocratique ou monarchique, il faut des gouvernants et des gouvernés, des chefs et des subalternes ; donc les hommes n'y pourront être égaux que comme citoyens, et non comme magistrats, comme députés, comme juges, comme maîtres, etc. ; donc l'égalité ne consistera pas à ne pas obéir ou à ne pas commander, mais à obéir et à commander conformément aux lois de la société.

LE PHILOSOPHE.

Soit. Mais par quel moyen arriverez-vous à l'organisation de cette égalité politique ?

LE MISSIONNAIRE.

Par la réalisation sincère et efficace de l'égalité radicale ou du droit qui n'admet aucune distinction de naissance, aucun privilége de fortune, aucune hérédité d'emplois, aucune classification entre des êtres semblables.

LE PHILOSOPHE.

Eh bien! que deviendra votre principe de l'égalité dans un pays où, pour se préserver de l'anarchie et des guerres intestines, on aura trouvé bon d'adopter la monarchie héréditaire?

LE MISSIONNAIRE.

Le principe restera inctact pour l'universalité des citoyens. Il y aura seulement une exception en faveur de la maison régnante. Ce sera le cas de dire que l'exception confirme la règle.

LE PROLÉTAIRE.

Il faut donc juger de la question non-seulement d'après le droit naturel, mais d'après l'ordre nécessaire de la société, à laquelle il faut toujours remonter?

LE MISSIONNAIRE.

Sans doute.

LE PHILOSOPHE.

Cependant, je n'en dirai pas moins que l'égalité que vous étendez à tous les membres de la communauté sociale, a une inclinaison à l'anarchie : elle n'est bonne, selon moi, qu'à tout confondre ensemble ; qu'à passer le niveau sur tout le monde ; qu'à détruire la hiérarchie, la déférence et le respect ; qu'à éteindre, en un mot, l'émulation, le génie et le talent, sans tenir compte des inégalités de forces et des capacités personnelles.

LE MISSIONNAIRE.

C'est là une erreur que vous partagez avec tous les hommes qui n'ont rien pu inventer de plus antisocial que les classes privilégiées. Il est impossible que l'esprit de paix, le bon ordre subsistent au milieu des inégalités et des injustices que ces mêmes classes s'efforcent d'entretenir à leur profit. On ne peut tarir la source des guerres civiles que par l'application sincère de la loi de l'égalité de tous les citoyens sans exception, sans distinction, à toutes les fonctions, à tous les emplois. Et n'allez pas vous imaginer qu'une telle loi ait pour objet de tuer l'émulation, de méconnaître les lois d'aptitude et de capacité diverses, de détruire la hiérarchie, la déférence et le respect. Son but, au contraire, est de diriger cette déférence et ce respect sur tout ce qui le mérite véritablement; d'ouvrir la voie à toutes les aptitudes, et de donner à tout homme, faible ou fort, pauvre ou riche, intelligent ou non, un droit égal à sa conservation, à son bien-être et au développement de ses facultés.

LE PROLÉTAIRE.

On peut donc regarder comme une loi véritable, comme une loi qui tend le mieux au bien universel de l'État, celle qui a pour objet l'égalité, et dont le but est de n'accorder les charges publiques qu'au mérite et à la vertu?

LE MISSIONNAIRE.

Évidemment.

LE PHILOSOPHE.

Tout cela ne me paraît possible qu'autant qu'il pourrait être donné à un législateur d'assigner à chaque homme son véritable rang.

LE PROLÉTAIRE.

Eh bien! attendons, et laissons au gouvernement le soin d'organiser les bienfaits de cette égalité politique. Il sera beau de le voir regarder avec des yeux de père tous les enfants de la patrie, prendre les faibles sous sa garde, et les couvrir de sa force comme le génie de l'ordre et du devoir.

LE MISSIONNAIRE.

C'est ainsi qu'il assurera le repos et la sûreté publics.

LE PHILOSOPHE.

J'en conviendrai quand on aura trouvé moyen de concilier la liberté avec l'ordre public.

LE MISSIONNAIRE.

Cette conciliation n'est pas impossible, comme nous essayerons de le faire voir en traitant à loisir, dans un autre moment, du principe de la liberté et des conséquences qui en dépendent.

XI

DE LA LIBERTÉ.

LE MISSIONNAIRE.

La question de la liberté que nous avons à examiner dans ce moment a été résolue sous le rapport naturel ; car en démontrant notre égalité de nature, nous avons démontré par là même notre liberté ou notre indépendance réciproque, en ce sens que nul n'a le droit natif et intrinsèque de nous gouverner.

D'ailleurs il faut bien qu'il en soit ainsi, puisque notre raison, notre volonté, nos actes ne dépendent du droit d'aucun homme, mais de Dieu, et des lois du vrai et du bien.

C'est donc de cette liberté, qui nous vient du droit naturel et divin, mais qui ne saurait être pleine et entière dans l'état de société, que nous ferons ressortir la liberté civile, et même la liberté de la presse. Voulez-vous que nous entrions tout d'un coup dans cette discussion ?

LE PROLÉTAIRE.

Il me semble que nous le pouvons, et avec d'autant plus de raison que, dans notre dissertation sur la spiritualité de l'âme, nous avons prouvé la liberté morale sans laquelle il n'y aurait point de devoirs volontairement accomplis.

LE PHILOSOPHE.

Je ne puis regarder la question de la liberté comme une chose démontrée de droit naturel. Car, s'il y a une vérité établie sur l'histoire entière, c'est que le genre humain a été constamment asservi à un petit nombre d'êtres privilégiés ; de sorte que c'est la servitude et non la liberté qui semble être son état naturel. Cela, du reste, a paru si vrai dans l'antiquité, qu'un grand poëte latin n'a pas craint d'avancer que le genre humain était fait pour quelques hommes.

LE MISSIONNAIRE.

Cette maxime païenne n'est pas de notre temps; elle ne saurait avoir cours dans le monde moderne, qui a retrouvé les titres que le genre humain avait perdus dans la plus grande partie de la terre. C'est pourquoi, sauf les modifications que la sociabilité, cette autre loi fondamentale de notre être, apporte à notre droit à la liberté, nous devons considérer ce même droit comme inaliénable, car il vient de la nature.

LE PHILOSOPHE.

Quoi! notre liberté, celle de tous les hommes, serait inaliénable! Mais depuis qu'ils sont établis en corps de nation, ne se sont-ils pas donnés gratuitement aux tyrans? ne sait-on pas qu'ils n'ont guère vécu que pour eux, et que souvent ils sont morts pour les maintenir? Que de fois foulés aux pieds par d'insolents despotes, et traités comme des forçats, ne se sont-ils pas trouvés tout à coup miraculeusement délivrés! Et pourtant ils n'ont jamais su éteindre la servitude. J'en conclus donc, encore une fois, que la plupart des hommes, bien loin d'être nés pour jouir de la liberté, sont destinés, par leur nature et leur condition, à croupir dans l'esclavage et l'abrutissement.

LE MISSIONNAIRE.

Et c'est sur l'abus de la force que vous vous fondez pour perpétuer la servitude des peuples! Quoi donc! de ce que la plupart des hommes, venus après leurs ancêtres, qui avaient été contraints à servir par la violence ou par la ruse, se contentaient de vivre comme ils étaient nés; de ce qu'ils ne pensaient point avoir d'autres droits et d'autres biens que ceux qu'ils avaient trouvés dans l'esclavage; et que même, dans leur misérable condition, ils ne laissaient pas d'avoir encore une sorte de reconnaissance à leurs maîtres, de qui ils tenaient leur corps et leur vie, vous en concluriez qu'ils sont serfs par nature, et destinés à un éternel servage! Il est vrai que ce sont là les raisons que les tyrans ont trouvées pour gouverner despotiquement, sans lois et sans règle, et entraîner tout par leur volonté et leurs caprices. Mais quoi qu'ils aient fait pour faire aimer aux peuples leur abrutissement, ils n'ont pu du moins, depuis l'établissement du christianisme, perpétuer la servitude, ni arracher du cœur des hommes le sentiment de leur dignité.

LE PROLÉTAIRE.

Cela est vrai. La liberté est un droit de notre nature, un droit de l'humanité raisonnable ; et la religion chrétienne l'a rendue chère au monde par tout ce qu'elle inspire de respect pour la nature humaine, et d'affection pour nos semblables. Mais comment peut-elle régner sur les nations? Comment peut-elle devenir souveraine parmi nous? N'a-t-elle pas ses dangers et ses malheurs?

LE MISSIONNAIRE.

Hélas! oui. Aussi n'a-t-elle jamais existé par elle-même, dans aucun pays et sous aucune forme de gouvernement. Et pourquoi? Parce que trop souvent elle aurait été déterminée pour chaque homme non par la saine raison, mais par l'intérêt et les passions. Pour en jouir en société, il a fallu la soumettre aux conditions générales de l'ordre, et lui en assigner les limites et les garanties. Ce n'est donc que par la loi que la liberté peut s'établir, s'étendre, et régner en souveraine sur toutes les nations de la terre. Sans la loi, elle serait aussi funeste au monde que l'anarchie, les guerres civiles, et toutes les folles horreurs de 93.

LE PHILOSOPHE.

Dites plutôt sans la force, qui fait courber toutes les volontés devant les grands intérêts de l'État.

LE PROLÉTAIRE.

Je suis de votre avis, si par la force vous entendez la loi armée. Mais s'il est besoin, en effet, d'une telle loi pour entretenir dans l'Etat une harmonie sinon sans agitation et sans trouble, au moins exempte des dangers et des maux incalculables qu'entraînerait l'anarchie, comment trouverons-nous les nobles caractères de la liberté dans la soumission qu'elle nous impose?

LE MISSIONNAIRE.

Le voici : puisque, ainsi que vous le dites excellemment, la loi a besoin d'être armée pour maintenir le bien-être, la sécurité et la permanence de la société, il s'ensuit que nous devons l'accepter volontairement, et nous y soumettre par principe de conscience.

Dès lors notre soumission, ne provenant pas

de la crainte, qui n'est propre qu'à faire des esclaves, toujours prêts à secouer le joug ; indépendante des faveurs, qui ne vous attachent au pouvoir qu'autant qu'elles durent ; supérieure aux disgrâces, qui changent trop souvent l'obéissance en révolte, portera le noble caractère de la liberté qui nous a été donnée de Dieu, non pour secouer le joug de la loi, mais pour le porter avec honneur en le portant volontairement ; non pour dénier à César ou au magistrat souverain nos services, mais afin que nos services soient aussi des mérites.

LE PHILOSOPHE.

Eh bien ! comme la force, qu'il faut joindre à la loi pour veiller sur nos vies, défendre nos biens et nous protéger contre l'injustice, devra être transportée à César, ne faudra-t-il pas lui obéir en tout et pour tout, en dépit de la liberté dont vous voudriez nous faire jouir sous l'empire de la loi, et dans les limites que comportent la justice et l'amour pour nos semblables ?

LE MISSIONNAIRE.

Pardon ; l'obéissance due à César est toujours plus ou moins réglée et déterminée par la loi elle-même. Cette obéissance, nous pouvons la résumer ici dans l'obligation de payer le tribut, sans lequel on ne pourrait donner aux lois, qui nous garantissent notre propriété, la force nécessaire ; et de rester soumis à l'autorité publique et aux constitutions de l'État.

LE PROLÉTAIRE.

Cela doit être dans tout État bien gouverné. Mais si César, qui est le représentant de la souveraine puissance dans l'ordre temporel, et par rapport au gouvernement du pays, exigeait quelque chose de contraire à la loi de Dieu?

LE MISSIONNAIRE.

Il n'y aurait pas à balancer; il faudrait lui résister passivement, et préférer ainsi la loi de Dieu, la reine des lois humaines; parce que, comme dit Tertullien, nous ne devons à César que l'image de César ; et que nous devons à Dieu l'image de Dieu. L'image de César n'est gravée que sur l'argent, sur la pierre, sur les choses sensibles. L'image de Dieu est gravée dans notre cœur et dans notre esprit ; sa divine loi est écrite dans notre conscience, et elle y établit tous les devoirs qu'il exige de nous. Dans le doute cependant on devrait présumer en faveur du législateur, et se déclarer pour la loi, sans se laisser aller aux jugements d'une subordination indocile, qui fait accuser l'autorité de cruauté, si elle est sévère; de faiblesse, si elle est indulgente; ou qui fait reprocher l'imprudence à sa conduite franche et ouverte, ou la dissimulation et la fraude à sa politique cachée et secrète.

LE PROLÉTAIRE.

Vous avez satisfait à une question dont la solution ne me paraissait offrir que des abîmes. Je vois maintenant comment on peut résister, dans des cas fort rares sans doute, aux souverains sans violer la souveraineté, qui est une chose sacrée, une émanation de la puissance divine.

Cependant après nous être convaincus que la liberté est une loi de notre nature, contre laquelle rien ne peut prescrire; mais que vivant en société, sous l'égide de la loi, nous consentons par ce fait même au sacrifice de la partie de la liberté qui est essentielle au maintien de la chose publique, il nous reste à voir comment la liberté de la presse découle du même principe que notre liberté civile.

LE MISSIONNAIRE.

Cela n'est pas difficile à établir d'après nos principes.

Et d'abord ce qui prouve que la liberté de la presse est une conséquence nécessaire du pouvoir de penser, d'agir, d'user de notre liberté, c'est qu'elle n'est autre chose que l'expression, la manifestation, l'expansion la plus grande de ce même pouvoir.

Ce qui prouve encore cette vérité, c'est que l'homme, étant un être social, condamné à tout apprendre, est tenu de se perfectionner lui-même, et d'employer son génie à l'avancement et au perfectionnement de la société. Or, comme il ne peut obtenir ce double progrès qu'autant qu'il est en rapport avec ses semblables, et qu'il se communique à eux, y a-t-il, peut-il y avoir, pour une si merveilleuse communication, un moyen plus simple, plus rapide, plus universel que la liberté de la presse? Rien peut-il arrêter l'essor, ralentir la course de cette messagère de la pensée?

LE PHILOSOPHE.

Vous parlez de la liberté de la presse comme si elle devait être un moyen puissant et actif de communication pacifique entre les hommes. Mais comme elle ne deviendrait le plus souvent qu'un instrument terrible au service des partis qui aspirent à la domination, elle ne saurait être illimitée dans aucun pays du monde. Et il n'y a pas de gouvernement, en quelque forme qu'il soit établi, qui ne doive la supprimer dans ses États, pour peu qu'on veuille s'en servir pour entretenir les divisions, dépopulariser l'autorité, embarrasser les affaires, inspirer de la défiance au commerce et à la propriété.

LE MISSIONNAIRE.

Comme vous y allez ! Vous voudriez que le pouvoir s'arrogeât le droit de détruire la liberté de la presse !

Mais ne voyez-vous pas que le même coup emporterait l'État lui-même, et ne laisserait qu'une société qui n'aurait plus la conscience ni la personnalité de ses actes ? Cela vous paraît-il possible ?

LE PHILOSOPHE.

Sans condamner le pays à un esclavage politique, il faut que le pouvoir ait le droit de bâillonner la presse ; et elle méritera de l'être, croyez-le bien, par l'abus abominable qu'en feront les partis, ces ennemis éternels de tout gouvernement. N'est-ce pas le bien public qui doit passer avant tout et par-dessus tout? N'est-il pas la loi suprême?

LE MISSIONNAIRE.

Il ne sert de rien d'opposer le bien public à la liberté de la presse; car il serait aisé de prouver que le bien public demande qu'on respecte cette liberté, malgré les maux que l'esprit de parti mêle aux biens dont elle est la source.

Mais comme ce n'est pas précisément sur le bien public qu'est fondée la liberté de la presse, j'en reviens au principal argument sur lequel je l'appuie; et je dis que le pouvoir n'a pas le droit d'enchaîner la pensée dans son expression, sa marche et ses développements. Cependant comme il est de son droit de se défendre, et de son devoir de défendre les lois éternelles de tout ordre, qui ne doivent jamais être impunément attaquées, il sera absolument nécessaire de régler la liberté de la presse, comme la liberté civile, sur le droit de tous, afin d'en ôter d'un côté les abus et de l'autre les dangers.

LE PROLÉTAIRE.

C'est ainsi que je conçois la liberté, c'est ainsi que je veux en user.

Sujet de la loi, j'obéirai à mon gouvernement. L'opposition que je pourrai manifester à ses actes sera filiale : elle n'aura d'autre objet que de redresser les abus qui pourront se glisser dans l'Etat.

Je serai toujours prêt à répondre à la voix de la patrie qui m'appelle à sa défense.

LE PHILOSOPHE.

Puissent tous nos concitoyens suivre votre exemple ! Sans être enthousiaste de la liberté, je déteste cordialement le désordre et l'anarchie.

LE MISSIONNAIRE.

Nous sommes d'accord là-dessus. Voulez-vous que nous laissions au législateur le soin de régler tout ce qui appartient à la liberté de la presse ?

LE PHILOSOPHE.

Sans doute, s'il faut nous en tenir aux principes de la société.

LE PROLÉTAIRE.

C'est un parti pris entre nous. En agissant autrement, nous ne garderions plus de mesures.

LE MISSIONNAIRE.

Ainsi nous n'en dirons pas davantage; différant en cela des *partisans de la libre pensée*, qui parlent de tout, même du surnaturel, qui appartient à la révélation divine et non à la science humaine dans laquelle ils veulent le comprendre pour le combattre au nom de cette même science.

LE PHILOSOPHE.

Sans sortir de notre domaine, allez-vous nous parler maintenant du suffrage universel, qui ne me paraît pas du tout être du goût de tout le monde.

LE MISSIONNAIRE.

Cette question, qui a bien son importance, quoiqu'on en dise, il faut la réserver pour demain.

XII

DU SUFFRAGE.

LE MISSIONNAIRE.

Par les principes que nous avons établis jusqu'ici, il s'ensuit que les hommes, réunis en corps de nation, ont un droit égal, non-seulement à l'élection de leurs magistrats, mais à la délibération des lois et au gouvernement du pays. Mais, comme dans presque tous les États ils se trouvent dans l'impossibilité d'exercer ce droit souverain par eux-mêmes, tant à cause de leur nombre que de la nécessité impérieuse de vaquer à leurs devoirs journaliers, les uns se sont imposé l'obligation de nommer plus ou moins souvent leurs gouvernants ; d'autres, en plus grand nombre, ont préféré fixer l'autorité souveraine dans la personne de ceux qui les gouvernaient, et même dans celle de leurs descendants, afin de les engager par la reconnaissance à suivre constamment la grande loi du bien public. A ces deux formes de gouvernement s'en sont mêlées d'autres, dont il n'est pas besoin de parler ici, non plus que des États qui ont été formés par les armes ou par les conquêtes, et auxquels pourtant il faut demeurer attachés par conscience, à cause de l'ordre qu'ils maintiennent, et qui dérive de Dieu.

LE PROLÉTAIRE.

Eh bien! sans vouloir non plus discuter les avantages et les inconvénients d'aucune forme de gouvernement, ne peut-on pas établir que le suffrage universel pour *le choix d'un gouvernement,* héréditaire ou électif, est la condition essentielle et fondamentale de l'État auquel il donne naissance?

LE MISSIONNAIRE.

Oui, et de plus qu'il peut seul donner de la force au gouvernement et constituer l'unité du corps social.

LE PHILOSOPHE.

Je vous objecterai tout d'abord que ce principe de suffrage universel, vous ne pouvez le soutenir en pratique, car il n'a jamais été la condition essentielle, la loi fondamentale d'un État quelconque. La sagesse de tous les gouvernements du monde a consisté jusqu'ici à priver le plus d'individus possible du droit d'élire. Les républiques, même les plus démocratiques, ne faisaient point entrer toutes les classes de la société dans le cercle du droit électoral. Vous savez qu'autrefois à Athènes, où le peuple en corps avait la souveraine puissance, on avait fini par établir qu'il n'y aurait que ceux qui possédaient au moins deux mille drachmes qui devaient jouir du droit d'électeur. Vous savez aussi que, dans l'ancienne Rome, ce même droit se trouvait entre les mains des principaux citoyens, par la composition savante des classes, qui n'avaient chacune qu'une voix, et dont la dernière se composait de toute la foule des indigents. Vous n'ignorez pas non plus que les républiques qui ont fleuri au moyen âge, et dont la morale n'était autre chose que la morale du christianisme, avaient borné le droit du suffrage aux classes dominantes. Enfin, vous ne pouvez nier que, même sous la constitution de 1791 et sous la Convention, il n'y avait que ceux qui payaient l'impôt qui étaient en possession du droit de suffrage. C'est sans doute aux restrictions apportées au suffrage universel que la plupart de ces États ont dû leur durée et leur prospérité.

LE MISSIONNAIRE.

Peut-être serait-il plus vrai de penser qu'ils ne sont tombés que parce que le droit de suffrage n'était pas appliqué d'une façon générale à tous les citoyens. Quoi qu'il en soit, ce n'est pas de la même manière que nous devons chercher à établir notre société. Fondée sur le sentiment de la dignité de l'homme, généralement répandu dans le monde chrétien, elle doit reconnaître à chacun de ses membres la plénitude de ses droits, et ne pas en exclure les prolétaires, comme l'avait fait la république de 89, qui n'était sous ce rapport qu'une copie servile des anciennes démocraties, lesquelles ont toujours regorgé d'esclaves, et n'ont jamais connu la loi de la solidarité humaine.

LE PHILOSOPHE.

Eh bien! s'il faut s'en tenir au suffrage universel, je le dis encore, ce serait aller au-delà de ce qui est dans les mœurs, dans l'état des lumières et dans les besoins réels de la société que d'en laisser l'application à tout le monde. C'est donc aux législateurs à se signaler dans la manière d'en régler l'exercice. S'ils sont sages, ils commenceront par enlever la possession du suffrage aux serviteurs à gages; car ils ne peuvent se maintenir libres dans la dignité et l'indépendance que doivent avoir des citoyens qui exercent ce droit souverain. Ils ne manqueront pas non plus de priver de ce même droit tous ceux qui ont été élevés dans l'ignorance, puisqu'ils ne sauraient comprendre toute l'étendue des devoirs politiques. Ils se garderont aussi d'appeler au scrutin électoral ceux qui n'ont pas d'intérêts à défendre, tels que les mendiants, les indigents et les vagabonds. Enfin, comme on ne peut appliquer le suffrage d'une façon générale, indépendamment de toute localité, et que la loi a bien évidemment le droit d'exiger des garanties de domicile, afin qu'il n'y ait ni dol ni fraude possible dans son exercice, ils feront en sorte, grâce à la durée du domicile, de n'inscrire sur la liste électorale que ceux qui offriront des gages matériels de richesse, de cens, de fortune.

LE PROLÉTAIRE.

Quoi! vous voudriez que la loi privât ceux qui souffrent, ceux qui sont subordonnés par leur situation, qui travaillent à la peine, d'un droit dont ils sont en possession en leur qualité d'hommes? Mais ne comprenez-vous pas qu'une pareille loi ne ferait qu'aggraver leur servitude et leur dépendance? Oseriez-vous soutenir que parce qu'ils ont des devoirs, ils ne doivent point avoir de droits; ou bien encore qu'ils n'ont point d'intérêt à ce que la société soit bien conduite? S'ils sont incapables de connaître les vrais intérêts du pays et de faire par eux-mêmes ses affaires, le sont-ils pour choisir un gouvernement qui, tout en défendant les intérêts des prolétaires, saura trouver pour l'État des conditions de durée, de force et de prospérité?

Quant aux conditions de domicile, si elles doivent être établies, ce ne peut être que pour constater l'identité des électeurs qui se présentent au scrutin, et pour empêcher qu'ils ne puissent voter plusieurs fois dans la même élection, et non point pour priver de l'exercice du droit de suffrage des ouvriers qui offriront des garanties morales, les seules dignes de ce nom, puisqu'elles sont dans l'homme, et non autour de l'homme, comme les biens de la fortune.

LE MISSIONNAIRE.

Ce que vous dites là est profondément juste. La loi n'a droit de priver du suffrage que les faillis non réhabilités, et les individus qui auraient été condamnés pour outrage à la morale publique et religieuse, ou aux bonnes mœurs, et pour attaques contre le principe de propriété et les droits de la famille.

LE PROLÉTAIRE.

D'accord pour exclure du scrutin tous ceux qui y apporteraient des semences de corruption ; voyons à présent quelle sera la force que le suffrage universel donnera au gouvernement qui en sera sorti.

LE MISSIONNAIRE.

La force d'un gouvernement étant relative à celle du nombre des citoyens qui concourent à son élection, il s'ensuit évidemment que celui qui aura pour base, pour principe, pour consécration le suffrage universel, sera aussi fort que la masse des citoyens qui composent la nation, et qui disposent de la force véritable ; ou plutôt ce sera la nation elle-même personnifiée en lui, sa souveraineté en exercice : l'étendue de sa puissance n'aura d'autres bornes que celles du pays lui-même : les partis ne pourront rien contre lui ; ils auront beau s'agiter, ouvrir la lice aux mauvaises passions, il n'aura qu'à se montrer en armes pour en triompher.

LE PHILOSOPHE.

Pour qu'un gouvernement ait la force dont vous parlez, qu'est-il besoin qu'il existe par la grâce du peuple ? Ne suffit-il pas qu'il soit le défenseur de ses intérêts et de ses volontés bien réglées ? En sera-t-il plus fort s'il a l'élection pour principe ? N'est-il pas à craindre, au contraire, que si le pays est divisé par les partis, comme il arrive toujours à la suite des révolutions, il ne se trouve faible à cause de la division de ces mêmes partis, et qu'il ne soit encore affaibli par l'établissement d'un gouvernement qui ne sera peut-être que l'expression d'une faible majorité ?

LE MISSIONNAIRE.

Non, non, le suffrage universel ne peut que donner satisfaction à tous les partis, sans accroître la faiblesse et les difficultés du gouvernement.

Du reste, quelle que soit la diversité des volontés au milieu desquelles il aura pris naissance, une fois établi, le gouvernement exprimera la volonté de la nation, et puisera dans son élection même la force nécessaire pour défendre envers et contre tous les droits de la société et la fraternité humaine.

Enfin, il est impossible qu'en tant que gouvernement, il se suicide lui-même en détruisant ce par quoi il est, et sans quoi il n'est rien.

LE PHILOSOPHE.

Quand on admettrait qu'un pouvoir issu du suffrage universel ne puisse mentir à son origine, trahir son mandat, aller contre ses propres intérêts, quand on admettrait que, fidèle à sa mission, il donnera des lois conformes, non à l'apparence, mais à la réalité des mœurs et des besoins, qui vous assure que la société, à laquelle vous reconnaissez le droit de choisir la forme de son gouvernement, voudra s'en tenir à celui qu'elle aura adopté même à l'unanimité ?

LE MISSIONNAIRE.

La nature et l'expérience, qui nous apprennent que la société a, comme l'homme, l'instinct de sa conservation : en sorte qu'il est aussi impossible qu'elle se sépare de son gouvernement, d'où dépendent sa sécurité, sa force et son bien-être, pour se placer entre les ruines du passé et les effrayantes perspectives de l'avenir, qu'il l'est qu'un homme, jouissant de sa raison, quitte les voies où il doit marcher pour descendre le sentier qui conduit à la mort.

LE PROLÉTAIRE.

Cela ne saurait être. Mais après avoir montré que le droit de suffrage doit être reconnu à l'universalité des citoyens, et que ce n'est qu'ainsi qu'il peut donner force au gouvernement, il nous reste à voir qu'il constituera l'unité du corps social.

LE MISSIONNAIRE.

Pour s'en convaincre, il n'y a qu'à se demander à soi-même quel est le plus grand bien d'un

État, et quel est son plus grand mal. Le plus grand bien d'un État, n'est-ce pas celui qui en lie toutes les parties et le rend un? Et son plus grand mal, n'est-ce pas celui qui le divise, et qui d'un seul en fait plusieurs, comme entre autres Platon l'a fort bien remarqué? Or, le suffrage universel, qui a pour but de confondre et de dignifier dans l'exercice du même pouvoir souverain le riche et le pauvre, celui qui possède et celui qui ne possède pas, et de donner ainsi à chacun sa légitime part d'influence sur les destinées de l'État, ne contribuera-t-il pas merveilleusement à en lier toutes les parties?

Le suffrage restreint, au contraire, en ne permettant pas à l'universalité des intérêts, des idées et des besoins, de se manifester et de prévaloir, autant que peuvent le permettre la justice et les lois éternelles de toute société, n'aurait-il pas pour résultat immédiat de créer la séparation politique des classes, de produire des germes de révolte, de donner naissance aux guerres civiles, et enfin de diviser l'État?

LE PHILOSOPHE.

Je suis de votre sentiment : l'unité est le plus grand bien d'un État : elle seule peut en faire la durée et la bonté. Mais il faut craindre la multitude, dont les instincts et les caprices sont aussi mobiles que les vagues de la mer ; en voulant la réduire à l'unité, on n'aurait que la confusion et l'anarchie ; la multitude a besoin d'être retenue par le principe d'autorité, sans lequel il est impossible d'affermir l'ordre social et d'améliorer le sort des hommes.

LE MISSIONNAIRE.

En envisageant la chose de cette manière, il est clair que c'est encore par le suffrage universel, auquel nous devrons l'établissement du gouvernement, que l'autorité étant une fois fixée, sera assez forte pour retenir la multitude dans le sentiment du devoir, et pour l'empêcher de livrer à ses flatteurs les libertés publiques.

LE PROLÉTAIRE.

C'est ce qui devrait dissiper toutes les alarmes de notre ami. Pour moi, je suis plus convaincu que jamais que le suffrage universel, en relevant la multitude à ses propres yeux, fera la force de l'État, et sera la consécration de l'unité sociale.

LE PHILOSOPHE.

Je compte cependant pour un grand avantage de pouvoir en appeler, dans une crise politique, au suffrage universel.

LE MISSIONNAIRE.

Je le crois bien, puisque, sans créer la justice, il peut venir en aide à un gouvernement qui douterait de lui-même, ou qui serait sérieusement menacé.

LE PHILOSOPHE.

Oui, oui, en lui mettant un plus grand pouvoir dans la main. Mais je ne sais si vous vous trouverez aussi bien à votre aise en traitant de la propriété.

LE MISSIONNAIRE.

Vous pourrez en juger prochainement.

XIII

DE LA PROPRIÉTÉ.

LE MISSIONNAIRE.

La propriété, dont le droit s'étend non-seulement aux fruits de la terre mais à la terre elle-même, que le Créateur a voulu nous faire conquérir par notre travail et notre industrie, repose sur les grands principes que nous avons établis et particulièrement sur la liberté. Ce n'est pas tout : la propriété est une nécessité sociale. Pourquoi ? parce que la société, qui est la condition vraie de notre nature, ne peut exister si elle n'est propriétaire.

Que l'on ôte, en effet, aux membres d'une société la pleine et libre jouissance de leurs biens, qu'il ne leur soit plus permis de les conserver ou d'en acquérir de nouveaux à titre légitime, et cette société ne sera plus qu'un vil troupeau conduit, par un instinct collectif, à chercher sa pâture à la façon des bêtes sauvages sur la terre de tous.

La propriété doit donc rester immuable et sacrée comme la société, comme les immortels principes qui ne sauraient changer au gré de nos passions, ni même de nos législateurs.

LE PROLÉTAIRE.

Ce que vous me dites là me surprend. J'avais cru jusqu'ici que la propriété prenait sa source dans la société, et qu'elle n'avait d'autre titre à nos yeux que les lois qui l'ont déclarée inviolable ; d'où je concluais tout naturellement que l'atteinte que d'autres lois pouvaient y porter ne devait avoir d'autre résultat que d'amener et de justifier telle ou telle modification dans la propriété.

LE PHILOSOPHE.

Je partage votre étonnement, et je ne sache

pas que les propriétaires eussent aucun sujet de se plaindre, s'il avait plu aux législateurs de déclarer que leurs biens appartiendraient à l'État, et qu'ils n'en seraient que les simples usufruitiers. C'est aussi le sentiment de Pascal qui pense que le titre, par lequel nous possédons notre bien, n'est pas un titre fondé sur la nature, mais sur un établissement humain. Rousseau a dit également qu'à l'instant qu'un homme est mort, son bien ne lui appartient plus ; et que lui prescrire les conditions sous lesquelles il en peut disposer, c'est au fond moins altérer son droit en apparence que l'étendre en effet.

LE MISSIONNAIRE.

Ah ! s'il en était ainsi, vous devriez vous étonner plutôt que la propriété pût résister aux révolutions des empires au lieu de subir leur destinée. Mais détrompez-vous. La propriété a d'autres fondements que les lois écrites, qui peuvent bien proclamer et garantir son droit, mais non pas le constituer ; car ce droit existe dans la conscience du genre humain, et il est aussi vrai que ses instincts, aussi indestructible que ses besoins.

LE PROLÉTAIRE.

Cependant comme le droit de propriété n'est pas fondé bien certainement sur quelque qualité qui soit en ceux qui en jouissent, et qui les en rende dignes, dites-nous donc, je vous prie, en quoi il consiste, selon vous ? Quelle est son origine ? et sur quelle base s'appuie-t-il ?

LE MISSIONNAIRE.

Le droit de propriété a sa source et son principe dans notre liberté, et consiste à l'origine, non pas d'après moi, mais d'après le droit naturel, antérieur et supérieur non-seulement aux lois civiles et politiques, mais à l'établissement des sociétés humaines, dans le droit du premier occupant, c'est-à-dire dans la prise de possession des choses qui n'appartiennent à personne, et qui ne sont pas inaccessibles à sa domination permanente comme l'air et la mer.

A ce droit qui, comme vous le voyez, ne dérive pas, il est vrai, de la constitution de l'homme mais de ses actes, il faut ajouter celui du travail et de la production qui suit l'occupation, la réalise, la manifeste, la développe et la légitime avec un caractère de durée indéfinie.

C'est ainsi que la propriété a le caractère d'un droit personnel, absolu, inviolable, et c'est même en vertu de ce caractère que, malgré la fixité et la perpétuité de son droit, elle se communique, et se déplace sans cesse, non-seulement par la donation, le testament, la succession si naturelle entre les parents et leurs enfants, mais encore par l'échange et par la prescription, qui n'est que l'abandon que semble en faire l'ancien maître, et qui suppose l'absence de toute réclamation légitime contre le nouveau possesseur.

LE PHILOSOPHE.

J'accepte pour le moment votre définition, qui est aussi celle de la Convention, que le droit de propriété est le droit du premier occupant ; je l'accepte avec toutes les conséquences que vous en tirez, quoique Montesquieu, Rousseau, Mably, qui ne reconnaissent pas que la nature du droit de propriété s'étende au delà de la vie du propriétaire, fassent dépendre les successions des principes du droit politique ou civil ; et je vous demande ce que vous répondrez aux derniers arrivants qui trouvent toutes les places prises ? N'ayant pas de part à la terre, ne les réduisezvous pas avec vos belles théories à être esclaves de fait? N'est-ce pas l'absence de la propriété qui constitue le prolétariat?

LE MISSIONNAIRE.

A cette grave objection, je ne vois qu'une réponse: c'est que la propriété est un droit aussi sacré que la liberté, et qu'elle doit être garantie par la société comme le stimulant le plus actif et le plus puissant du travail et de l'industrie. Au reste, les prolétaires, ces derniers venus, qui appliquent leurs forces à l'agriculture et à la production de la richesse, pourront acquérir la propriété, ou du moins trouver une espèce de consolation dans leur labeur fructueux.

LE PHILOSOPHE.

A la bonne heure.

Mais pour revenir à votre définition de la propriété, je dis que ce n'est pas un droit personnel, inviolable, car il est prouvé, par l'histoire de tous les pays et de tous les temps, que ce droit a été regardé comme si peu participant de notre personne, que chez les anciens, par exemple, la terre appartenait à la république; qu'en Asie, elle était la propriété du despote; et qu'au moyen âge, elle était celle des seigneurs suzerains. Si donc aujourd'hui nous sommes en possession de nos biens, c'est grâce aux caprices de nos législateurs, car tout ici-bas est, je crois, rencontre du hasard.

LE MISSIONNAIRE.

Je vous accorde que la propriété n'a pas toujours été accessible à tous ; que trop longtemps elle fut l'apanage de la royauté ou le privilége de l'aristocratie. Mais savez-vous pourquoi ? c'est parce que la liberté, qui protége la propriété, et l'égalité qui la garantit, n'étaient pas non plus un droit pour tous. Ce n'est que dans les pays vraiment chrétiens, où ces principes essentiels du droit naturel, la liberté et l'égalité, sont sacrés pour tous, que la propriété l'est également. Ne faites donc plus dépendre la propriété de la fantaisie de ceux qui font les lois.

LE PHILOSOPHE.

Je ne demande pas mieux que de m'imaginer que c'est par quelque voie naturelle que les biens de mes ancêtres ont passé jusqu'à moi.

Cependant, c'est en s'appuyant malheureusement sur ce principe, que dans une société faut des êtres égaux et semblables, que des esprits hardis et novateurs ont imaginé de faire reposer l'ordre social non plus sur le droit de la propriété, mais sur la négation de la propriété; en sorte que, s'ils étaient maîtres de nos destinées, ils réserveraient la propriété des terres à l'État, qui ne les donnerait qu'en fermage, soit pour un temps, soit pour la vie, à celui qui les cultiverait.

LE MISSIONNAIRE.

Ces esprits hardis et novateurs, dont vous parlez, sont bien vieux, puisqu'ils remontent à Platon. Mais quoi qu'ils disent, fassent ou écrivent, la propriété, ainsi que le reconnaît un socialiste même, est trop bien fondée dans la nature humaine comme principe, trop vivante, trop énergique et trop puissante comme intérêt et institution, pour se laisser supprimer bénévolement. C'est pourquoi, quand on viendrait à bout de vaincre les propriétaires, et de les chasser par la force brutale, on ne pourrait changer les conditions essentielles de la propriété : l'institution resterait, pour employer l'expression de M. Troplong, avec un crime et un boulversement de plus.

LE PROLÉTAIRE.

Il est évident que dans la société actuelle la communauté des biens est inadmissible ; et que si un jour elle venait à être réalisée, elle détruirait le travail, supprimerait la liberté, et finirait par abolir la famille. Mais ce qui me paraît d'une exécution facile, c'est l'organisation du travail, qui assurerait à tout homme inoccupé le droit de travailler, conséquence du droit de vivre.

LE MISSIONNAIRE.

Croyez-moi, il est plus facile de proclamer le droit au travail que de l'assurer. Car enfin, l'État, cet être collectif dont il est ici question, et qui par lui-même ne produit rien, peut-il donner du travail à tout le monde? le peut-il toujours, et partout, sans porter atteinte à la propriété individuelle, et conséquemment à la liberté, source de progrès, de richesses et de prospérité?

LE PROLÉTAIRE.

Eh quoi ! prétendez-vous que l'ouvrier qui est sans ouvrage n'est pas fondé à en demander à l'État? mais alors vous devriez en conclure que le droit de vivre ne s'étend pas au delà du droit de propriété.

LE MISSIONNAIRE.

J'ai le courage de dire et de répéter que l'Etat ne peut s'engager à fournir du travail aux ouvriers, tant à ceux de l'industrie qu'à ceux de la propriété et de la pensée, sans s'engager implicitement à violer le droit des propriétaires par des impositions forcées et arbitraires, et sans les réduire à ne pouvoir plus suffire aux dépenses publiques : ce qui aurait pour résultat immédiat la perturbation, le discrédit et la misère.

LE PHILOSOPHE.

Tout cela est vrai : un gouvernement qui admettrait le droit au travail dans sa constitution, marcherait forcément à l'abolition de la propriété pour faire rentrer tout le monde dans le prolétariat le plus désespérant et dans la plus affreuse misère.

LE MISSIONNAIRE.

Il faut convenir toutefois que s'il n'est pas donné à l'État de réaliser ici-bas l'idéal du bonheur suprême, il peut et doit travailler incessamment à diminuer les souffrances populaires. Mais ce n'est pas, comme le voudraient de prétendus amis du peuple, en substituant à l'impôt proportionnel aux frais de la protection sociale, l'impôt progressif qui ruinerait les riches par une cruelle injustice, et rendrait la condition des pauvres moins supportable.

Ce n'est pas, non plus, en supprimant l'impôt indirect, selon le vœu des ouvriers, car il faudrait pour cela augmenter l'impôt direct : ce qui ferait renchérir d'une autre façon, et bien plus funeste à l'agriculture et au prolétariat, les matières de première nécessité, telles que le pain, la viande, etc.

Ce n'est pas davantage, au dire de M. Proudhon, en créant à la place de l'or et de l'argent, un moyen d'échange à l'aide d'une banque dont le papier serait accordé à tout homme qui voudrait produire; par la raison que ce papier, qui ne manquerait pas, à la vérité, comme l'or et l'argent, n'aurait pourtant d'autre effet, par le peu de confiance qu'il inspirerait, que d'augmenter tous les revenus des capitaux.

Je pense, moi, avec les plus grands publicistes de notre temps, que l'État ne peut travailler avec succès à détruire le paupérisme qui nous menace, qu'en s'efforçant de fonder la paix et le désarmement de l'Europe; qu'en encourageant les colonisations ainsi que les associations industrielles et agricoles contre la tyrannie des usuriers, et la guerre fratricide de la concurrence, qui a moins pour but d'étendre la consommation par le bon marché que de réduire le salaire de l'ouvrier; qu'en tâchant enfin de donner à tous les citoyens la facilité de développer également leurs facultés inégales. Mais quoi que l'État puisse faire dans l'intérêt général, il y aura toujours des malheureux autant par leur faute que par notre malheureuse condition. Dieu l'a voulu ainsi, afin de nous faire exercer les devoirs de la charité, qui doit s'étendre d'un bout de l'univers à l'autre.

LE PROLÉTAIRE.

Eh bien ! si d'une part l'État ne peut s'approprier les biens qui appartiennent aux particuliers pour soulager les classes souffrantes, par la raison que les particuliers ont un droit naturel sur leurs biens, et que la volonté des législateurs a eu de bonnes raisons pour confirmer ce droit ; et si de l'autre, il n'y a aucun moyen, proposé par les socialistes, qui n'ait pour résultat d'aggraver les souffrances des prolétaires, tout en violant le droit sacré de propriété ;

Il faut que ceux qui possèdent concourent à rendre moins précaire la position de ceux qui n'ont rien, en déversant en travail ce qu'ils ont reçu pour le communiquer et le distribuer.

LE MISSIONNAIRE.

Sans doute, puisqu'il est démontré que nous sommes tous frères, et unis par les liens du sang et de la nature ; et que nous savons par notre religion que Dieu regardera comme fait à lui-même ce que nous aurons fait à ceux à qui il a donné une âme semblable à la nôtre, et qu'il a honorés comme nous de sa divine ressemblance.

LE PROLÉTAIRE.

Développez-nous donc avec courage les principes qui découlent de la fraternité ; qui étaient, dit-on, si bien pratiqués par les chrétiens de la primitive Église ; et qui sont si fort recommandés par les saints Pères. Car enfin à quoi nous servirait de croire que nous sommes frères, si nous manquions d'en remplir les devoirs ? Ne serait-ce pas nous mettre en contradiction avec nous-mêmes ?

LE MISSIONNAIRE.

Sachez, honnête ouvrier, que pour que nos actions ne démentent pas notre foi, nous ne devons pas vivre pour nous seuls ; que notre bien nous ne l'avons pas reçu pour le dévorer et le prodiguer ; que l'argent nous ne devons pas le garder en réserve sans avoir aucun soin de relever ceux que la nécessité abat ou opprime ; mais qu'après avoir pris ce qui nous est nécessaire pour notre subsistance, nous devons employer le reste au soulagement des indigents. Car il faut leur faire ce que nous voulons qu'on nous fasse, afin de les aimer, dit saint Jean, non pas seulement de paroles et de la langue, mais en effet et en vérité.—Nous devons encore, suivant le conseil de saint Augustin, rechercher ceux qui sont dans l'indigence, prévenir ceux qui n'osent nous demander, et aller au-devant d'eux.—Toutes les fois que nous manquons de donner l'aumône nous devenons semblables aux ravisseurs du bien d'autrui, et dignes du même supplice, ainsi que nous en avertit saint Chrysostôme. —Et saint Grégoire le Grand va jusqu'à nous déclarer, qu'en ne donnant pas aux autres ce que nous avons reçu, nous devenons meurtriers et homicides, parce que nous retenons pour nous seuls le bien qui aurait soulagé les pauvres. On peut dire, ajoute ce saint docteur, que nous en tuons autant que nous aurions pu en nourrir.

LE PHILOSOPHE.

Il me paraît que ces illustres docteurs dont vous venez de nous faire entendre le langage si sévère envers ceux qui jouissent des biens de ce monde, se sont abandonnés un peu trop aux mouvements de la charité qui est bien moins que la justice le fond de la société.

LE MISSIONNAIRE.

Je ne pense pas de même. Mais quand cela serait, les heureux du siècle n'en sont pas moins obligés de faire connaître la Providence et de la justifier en quelque sorte envers ceux qui souffrent, s'ils veulent accomplir toute leur destinée.

LE PROLÉTAIRE.

Puisque tel est le dessein de Dieu, il serait bien malheureux que les riches, qui ne peuvent être heureux quand leurs frères manquent de pain, ne s'empressassent pas de le leur faire gagner en leur donnant de l'ouvrage.

LE MISSIONNAIRE.

Oui; que les gens aisés des classes diverses de la société fassent travailler, surtout dans l'idée de subvenir aux besoins des ouvriers, et par ce moyen si conforme à la morale, à la religion, à la tranquillité publique, à la sûreté de leurs personnes et de leurs biens, ils préviendront à jamais les émeutes, et contribueront à faire naître de toutes parts les affaires.

LE PHILOSOPHE.

Oh! pour cela, il n'y aurait qu'à laisser les ouvriers dans leur ignorance native.

LE MISSIONNAIRE.

Tout au contraire, il faudra travailler à les en faire sortir, ainsi que nous essayerons de l'établir dans un autre entretien.

XIV

DE L'ENSEIGNEMENT.

LE MISSIONNAIRE.

L'enseignement, qui est une conséquence non moins importante que les deux précédentes des principes que nous avons démontrés, n'est rien de moins qu'une force morale qui agit sur les esprits comme la force matérielle agit sur les corps. Aussi les législateurs de tous les pays et de tous les siècles se sont-ils emparés de cette force pour donner une direction générale aux pensées, aux sentiments et aux volontés, et par ce moyen contribuer à réaliser l'harmonie sociale.

LE PROLÉTAIRE.

Vous pensez donc qu'il serait plus conforme à l'ordre général de la société que l'enseignement fût donné par l'État plutôt que par les pères de famille?

LE MISSIONNAIRE.

Oui, je pense que l'enseignement doit être dirigé par l'État, pourvu que l'État reste soumis au jugement de l'Église universelle et chrétienne en ce qui concerne la foi et les mœurs; car je comprends que cet enseignement en ferait la beauté, la force et la durée, tandis que celui des pères de famille, qui ne se gouvernent pas toujours sur le plan de la grande famille qui les comprend toutes, en troublerait l'harmonie, en détruirait l'unité, et finirait par l'anéantir. Voulez-vous qu'en nous plaçant à ce point de vue nous commencions par établir l'enseignement qui devra être donné par le gouvernement de la nation à tous ses enfants, de quelque profession ou métier qu'ils puissent être un jour?

LE PROLÉTAIRE.

Dame! il importe de nous fixer sur la nature

de cet enseignement. Mais s'il doit être relatif au principe du gouvernement, ne faudra-t-il pas qu'il soit essentiellement politique?

LE MISSIONNAIRE.

Il faudra aussi, et principalement, qu'il soit essentiellement religieux et moral. En outre, et tout d'abord, il aura pour objet la lecture et l'écriture. Car c'est à la faveur de cet enseignement, qui nous paraît si simple, que notre esprit s'éclaire, grandit et devient une puissance, qui fait servir les connaissances des siècles passés à nos besoins et à nos plaisirs; et que nos connaissances acquises, qui s'ajoutent à celles de nos pères, se transmettent, et sont pour notre espèce la source d'un perfectionnement indéfini.

LE PHILOSOPHE.

Et c'est précisément parce qu'un tel enseignement est éminemment propre à développer les hautes facultés de l'intelligence, qu'il faut le réserver aux jeunes gens destinés aux places, et se bien garder de le rendre mutuel, universel, absolu.

LE MISSIONNAIRE.

Non, l'enseignement ne doit pas être restreint à quelques membres de la société ; il doit s'étendre à tous, puisque tous ont la même origine, la même nature, qu'ils sont tous doués de la faculté d'apprendre et de se développer, quoique dans des degrés différents.

LE PHILOSOPHE.

La société, qui ne subsiste que parce que, parmi ceux qui la composent, les uns se livrent à la culture des champs et les autres à celle des sciences, ceux-ci aux œuvres serviles et ceux-là aux œuvres libérales, ne peut donner à tous un enseignement qui les dégoûterait des principales occupations de notre espèce. Avec cette belle théorie, que la société, dont ils sont membres au même titre, leur doit l'enseignement qui contribuera à développer, à conserver leur vie active et morale, qui voudrait désormais bâtir des maisons pour nous loger, cultiver la terre pour nous nourrir, et consacrer sa vie dans des ateliers pour nous vêtir?

LE MISSIONNAIRE.

La Providence y a pourvu par la diversité des aptitudes et des goûts qu'elle a donnés aux hommes. L'essentiel est d'honorer les fonctions les plus humbles comme les plus sublimes, ainsi que l'ont fait les Égyptiens et les Romains, et ainsi que le font encore, si je ne me trompe, les Chinois, chez lesquels le laboureur qui s'est le plus distingué dans sa profession est élevé, chaque année, par l'empereur, au rang de mandarin.

LE PROLÉTAIRE.

Cela est très-vrai. Quelque pénibles que soient les travaux que notre condition exige, nos enfants pourront tout faire s'ils sont estimés. Qu'on respecte en eux l'intelligence, qui est un bien d'un ordre supérieur à tous les biens de la terre, et à tous les titres du monde, et l'instruction, loin de leur faire mépriser nos emplois, les leur rendra chers : car ils seront assez éclairés pour comprendre que ce ne sont pas les places qui honorent les hommes, mais les hommes qui honorent les places ; et qu'il y a, du reste, des nécessités sociales auxquelles on ne peut ni on ne doit se soustraire.

Cela posé, voyons premièrement pourquoi, et comment l'enseignement devra être religieux.

LE MISSIONNAIRE.

C'est qu'il est nécessaire et essentiel de rappeler les hommes à leur Créateur, et de leur apprendre à rester dans la dépendance qu'ils ont eue dès leur origine. Sans cela, ils seraient comme des esclaves échappés de la maison de leur maître, et rien ne pourrait les empêcher de violer en mille occasions les devoirs de la vie domestique et civile.

LE PHILOSOPHE.

Sans vouloir affranchir la jeunesse de la pensée religieuse, il faudrait se garder de la livrer à des maîtres qui pourraient être payés pour l'entretenir dans la superstition et le fanatisme; pour lui faire respecter des absurdités, pour lui donner du goût pour les disputes chimériques; et peut-être pour la prosterner, comme dit Voltaire, aux pieds d'une puissance que l'ignorance et la crédulité auraient fondée.

LE MISSIONNAIRE.

Je ne sais de quelle puissance vous voulez

parler ; mais si vous faisiez allusion à celle des papes, je vous répondrais qu'elle n'a été établie que pour le perfectionnement moral de l'homme et de la société, et qu'elle ne subsiste que pour continuer d'âge en âge une si sainte mission. J'ajouterais que si elle a exercé autrefois son empire sur les souverainetés de ce monde, ce n'est que parce qu'elle était avouée des princes comme des sujets ; et seulement pour les avertir de leurs devoirs, pour apaiser les querelles temporelles et faire prévaloir partout l'esprit du Christianisme.

Oh ! qu'une médiation si auguste et si vénérée serait encore présentement fort utile aux peuples et aux souverains !

Du reste, les maîtres religieux seront bien éloignés d'abrutir la jeunesse ou de la fanatiser, en lui enseignant, premièrement, qu'il y a un Dieu, qui n'est pas lui-même l'univers, l'espace, et la durée, mais qui est nécessaire, éternel, infini, présent partout ; et qu'une société qui cesse de marcher à sa lumière n'est bientôt plus qu'un cadavre dont l'âme s'est retirée pour toujours ;

En lui apprenant, en second lieu, qu'outre le rapport que nous avons du côté du corps avec la nature changeante et matérielle, nous avons d'un autre côté un rapport intime et une secrète affinité avec Dieu, en sorte que nous n'avons pas été destinés à être replongés dans le néant au sortir de cette vie ;

En établissant enfin, par des preuves sensibles et par les témoignages de la Bible, que Dieu a fait le premier homme à l'image et ressemblance de sa nature ; qu'il a voulu que tous les hommes naquissent de ce premier homme et de la compagne qu'il lui avait donnée, afin que, quelque multipliés et dispersés qu'ils fussent un jour, ils se regardassent toujours comme une même chair et membres les uns des autres ; que l'humanité ayant été corrompue et déchue dès l'origine, Dieu a envoyé son Fils, l'empreinte de sa substance, son image vivante, pour la ramener à sa pureté originelle, la réformer selon le premier plan, la réparer enfin au prix de tout son sang ; et que l'amour fraternel est le lien de la société, et le dévouement le seul genre d'autorité qui devrait être exercé parmi ceux qui ont Dieu pour père et le Christ pour roi.

LE PROLÉTAIRE.

Il faut avouer qu'un tel enseignement, qui

offre la solution des plus grands problèmes qui intéressent immédiatement tous les hommes, et qui n'ont jamais été résolus, dit-on, par les philosophes, ne saurait avilir et dégrader la jeunesse ; il est propre, au contraire, à lui inspirer de grandes pensées, de nobles sentiments, d'héroïques dévouements, à la différence de l'enseignement des incrédules qui n'est bon qu'à flétrir au fond des âmes tout germe de vertu.

LE MISSIONNAIRE.

Puisque vous reconnaissez avec moi que l'enseignement devra être religieux, je poursuis et je dis qu'il faudra, en second lieu, qu'il soit politique, à l'effet d'éclairer les citoyens sur leurs droits et leurs devoirs.

Ainsi les maîtres de cet enseignement développeront les principes de la liberté, de l'égalité et de la fraternité.

Ils montreront sur quelle base reposent la famille, la propriété et l'ordre public.

Ils s'élèveront à la connaissance des rapports de justice et d'équité qui existent entre les hommes, les familles et les Etats, et qui sont antérieurs aux lois écrites.

Ils parleront des lois qui sont l'élément primitif de la société et le principe conservateur des Etats, et feront connaître celles qui ont été universellement crues, malgré les efforts que l'on a faits pour les obscurcir, qui s'élèvent au-dessus des doctrines matérialistes, et brillent dans le monde des intelligences comme le soleil dans celui des corps.

Ils feront comprendre que si l'Etat doit protéger les citoyens dans leur personne, leur famille, leur propriété, leur travail, et mettre à la portée de chacun l'instruction indispensable à tous les hommes, et n'entreprendre aucune guerre dans des vues de conquête, les citoyens à leur tour sont obligés de défendre la société au prix de leur vie, de participer aux charges de l'Etat en proportion de leur fortune, et de concourir au bien-être commun en s'entr'aidant mutuellement les uns les autres.

Ils ne manqueront pas non plus de faire remarquer que la soumission due aux puissances établies est inséparable du respect, qui est à cet égard un amour de société; et qu'elle doit avoir pour motif déterminant la conscience, qui a toujours plus fait pour la stabilité et la grandeur des Etats que les meilleures constitutions et les plus fortes armées.

LE PHILOSOPHE.

Eh ! qu'est-il besoin d'élever les citoyens dans la connaissance des lois, de les faire remonter aux principes de la société, de leur faire comprendre la nature des rapports qui unissent incessamment les individus aux individus, les familles aux familles, les nations aux nations ? Ne sait-on pas qu'il n'y a que la force qui peut faire subsister un Etat, et que ce n'est que par la force que l'on mène les hommes, et qu'on les fait agir et conspirer, sans qu'ils s'en doutent, au bien général ? Dès lors ne vaut-il pas mieux se borner à mettre la crainte dans le cœur, et à donner à l'esprit la connaissance de quelques principes fort simples ?

LE MISSIONNAIRE.

Erreur ! un tel enseignement n'est bon que dans les Etats despotiques, où l'on met en principe que la terre et ses habitants appartiennent de droit à quelques hommes qui peuvent en disposer arbitrairement ; où l'on prescrit une obéissance aveugle aux volontés du prince ; où l'on travaille à combattre le progrès des lumières par la servitude et l'avilissement.

Mais dans notre Etat, qui reconnaît que tout droit comme toute justice découle de Dieu, et que la nation qui n'appartient qu'à Dieu a le droit naturel de choisir la forme de souveraineté la plus favorable à ses intérêts ; dans notre Etat qui est l'affranchissement de l'esprit, le règne de l'âme, il faut éclairer l'entendement pour faire agir la volonté.

LE PROLÉTAIRE.

C'est bien certain, puisque nous sommes des êtres intelligents, et qu'il n'y a que les motifs fondés sur les lois de la raison et de la justice, qui peuvent et doivent nous déterminer.

Mais, comme vous avez ajouté que l'enseignement doit être non-seulement religieux et politique, mais encore moral, il vous reste à en établir la raison.

LE MISSIONNAIRE.

C'est qu'il faut des vertus, des mœurs et des actions pour remplir les devoirs de famille, comme aussi pour servir l'État et être bon citoyen; et que ce n'est que par la morale, qui a ses règles suprêmes, auxquelles tout homme doit se conformer, qu'on peut juger de la bonté des actions, de la pureté des mœurs et de la noblesse des vertus.

Faute d'un enseignement fondé sur la différence essentielle des choses, et sur la souveraineté du devoir, qui oblige tous les hommes partout et toujours, les préjugés, le faux honneur, la coutume, se mêleraient à tout, dirigeraient même les principes, feraient bon marché des lois sacrées du mariage, et borneraient les obligations des citoyens envers la patrie aux caprices, à la fantaisie et à la mode.

LE PHILOSOPHE.

Mais comment le devoir, qui fait entendre sa voix impérieuse dans la conscience humaine, pourrait-il jamais être confondu avec la mode, les préjugés et les usages?

LE MISSIONNAIRE.

Il est certain que le devoir en général ne sera jamais méconnu, car il a pour base les idées du bien et du mal, du juste et de l'injuste. Mais ce qui ne l'est pas moins, c'est que ces idées sur lesquelles est fondé le devoir, encore qu'elles soient innées et universelles, ont pourtant besoin d'une certaine éducation éclairée et solide pour se manifester en nous dans toute leur pureté, pour produire toutes les conséquences qu'elles renferment, pour s'appliquer convenablement à toutes les relations. Autrement elles se développeront sous l'action de notre nature animale, que saint Paul distingue de notre nature spirituelle ; et il y aura des actions, qui en sont une violation ouverte, qu'on parviendra à colorer du prétexte de la conquête, de l'honneur et de la gloire.

LE PROLÉTAIRE.

C'est précisément ce qui a lieu dans un certain monde où l'on manque de principes fixes pour régler sa vie et ses actions.

LE MISSIONNAIRE.

En effet, sans vouloir parler ici de la guerre, qui est un des plus grands crimes qui puissent affliger les sociétés humaines, quelle opinion a-t-on dans le monde de l'adultère, du suicide et du duel?

L'adultère, il est vrai, y est flétri dans la personne de la femme, dans laquelle on veut du dévouement à ses devoirs. Mais pourquoi ne l'est-il pas également dans la personne de l'homme, qui doit se recommander aussi par la rigidité de ses mœurs? Et pourquoi va-t-on jusqu'à légitimer son crime, dès qu'il est uni à la galanterie et à l'idée de conquête?

Attache-t-on au suicide, qui n'est rien de moins que le sacrifice de la vie que l'auteur de notre être nous avait donnée pour combattre, souffrir, et mériter, les stigmates de l'infamie ?

Le duel, qui est la réunion de deux suicides possibles, ne devrait-il pas être anathématisé ? Et pourtant qui ne sait qu'on le glorifie tous les jours ?

LE PHILOSOPHE.

Je vous accorde que l'adultère, où il y a deux coupables également responsables de la violation des lois du mariage, devrait être flétri aussi bien dans la personne de l'homme que de la femme. Mais pour le suicide et le duel, il n'est pas si facile que vous pensez de les faire regarder comme des actions exécrables.

Car, premièrement, si la vie est un bien qui nous appartient, n'avons-nous pas le droit de nous en défaire ? Et à qui faisons-nous tort, si elle est inutile au monde, et à charge à nous-mêmes ?

Secondement, s'il est permis de nous ôter la vie, pourquoi n'aurions-nous pas le droit de l'abandonner à notre adversaire, en revanche de la sienne qu'il nous abandonne ? Et pourquoi nous condamnerait-on, si nous donnons ou si nous recevons la mort, pour avoir pensé qu'on ne doit pas vivre si l'on ne peut vivre honoré et estimé ?

LE MISSIONNAIRE.

Je comprends que dans notre siècle on peut être trompé par l'apparence spécieuse de ces idées ; et c'est pour cela que l'enseignement doit les détruire, et en faire voir la fausseté.

Les maîtres enseigneront donc à la jeunesse que la vie est un combat, et un combat sans relâche, et qu'il n'est pas permis de cesser la lutte, puisque c'est par la lutte que vient le mérite dont la conséquence est le bonheur.

Ils lui apprendront en outre à distinguer le nom sacré de l'honneur de ce préjugé brutal qui met, comme on l'a dit avec tant de raison, toutes les vertus à la pointe d'une épée, et à le défendre non par le bouclier, mais par une vie sans peur et sans reproche.

LE PROLÉTAIRE.

Fort bien. Mais comme malgré le plus bel enseignement, l'honneur ne sera jamais aux yeux de bien des gens que ce qu'on le dit, et que le cœur se lèvera à la vue de telle action, de tel mot, de tel geste, que de petits esprits seront convenus de regarder comme un outrage sanglant, il sera bon d'établir un tribunal d'honneur devant lequel seront obligés de comparaître les parties, et qui condamnera l'offenseur à faire réparation d'honneur à l'offensé. Si cela vous paraît admissible, je crois que nous en avons assez dit touchant l'enseignement, que je regarde comme le premier fondement de la félicité publique.

LE PHILOSOPHE.

Il est certain que ce n'est pas tant des lois qui ont pour objet le bien public que de la bonne éducation de la jeunesse, que dépend la prospérité des empires.

LE MISSIONNAIRE.

Aussi est-ce pour cette raison que nous avons pris soin d'assigner à l'enseignement le caractère qui lui est propre, et d'en fixer les idées dominantes.

LE PROLÉTAIRE.

Nous pouvons donc conclure que l'enseignement, que je ne sépare point de l'éducation qui a pour objet de former l'homme moral, est le premier devoir des instituteurs des peuples.

LE MISSIONNAIRE.

C'est, en effet, le premier et le plus grand de tous leurs devoirs. S'ils venaient à y manquer, la nature des uns serait, par leur faute, plus restreinte et plus bornée que celle des autres, pour employer les propres expressions de l'ange de l'école, du grand saint Thomas.

LE PHILOSOPHE.

Puisque vous êtes d'accord en cela, voulez-vous que nous passions, dès à présent, à la question de l'institution sociale?

LE MISSIONNAIRE.

Cette question, que nous avons fait précéder de tant d'autres qui en étaient comme le prélude, nous fournira encore assez de matière pour être, toujours philosophiquement parlant, le sujet d'un autre entretien.

XV

DE L'INSTITUTION SOCIALE.

LE MISSIONNAIRE.

Après avoir traité à fond des principes de la société relativement à son établissement, il ne nous reste plus qu'à rechercher quelle en est l'origine, et quel en doit être le rempart et la défense assurée.

LE PROLÉTAIRE.

Pour ce qui est de l'origine de la société, je ne crois pas qu'il soit besoin de faire de grands frais d'érudition pour la découvrir : il me semble

16*

en voir la source dans le mariage, cette union de deux cœurs.

LE MISSIONNAIRE.

Il est évident que la société ne vient et ne peut venir que de là ; car l'homme n'a pas été destiné à vivre solitaire à la manière des animaux carnassiers. Il n'a pas été, non plus, forcé à la société, ainsi que le prétend Hobbes, par la nécessité et par la malice de ceux de son espèce. L'état social, ou plutôt le mariage qui en est le point de départ, est son état naturel. Il y est porté, généralement parlant, et abstraction faite de ceux qui s'en abstiennent par vocation et par une force surnaturelle, comme être physique et intelligent : comme être physique, par un instinct secret mais légitime, qui fait qu'il s'unit, qu'il s'associe et qu'il s'aime dans sa compagne et dans ses enfants ; et comme être intelligent, par une raison toujours assez éclairée pour lui faire comprendre qu'il doit vivre dans cet état afin de supporter la faiblesse, de garder la tempérance, de consacrer l'origine de la naissance de ses enfants, et d'accomplir sa destinée.

D'ailleurs, il faut bien que le lien conjugal soit le premier lien de toutes les associations humaines, puisque parmi tant de nations si différentes de nous et si différentes entre elles, on n'a jamais trouvé, comme Voltaire même en fait l'observation, d'hommes isolés, solitaires, errant à l'aventure, à la manière des animaux, s'accouplant comme eux au hasard, et quittant leurs femelles pour chercher seuls leur pâture.

LE PHILOSOPHE.

On ne prétend pas révoquer en doute cette vérité fondamentale, ni donner une autre origine aux sociétés humaines, au sein desquelles l'homme trouve non-seulement son complet développement, mais les moyens nécessaires pour lutter contre les forces de la nature, pour les dompter, les vaincre. Mais ce que l'on croit pouvoir démontrer, c'est l'inutilité de recourir à une puissance surnaturelle pour unir les hommes entre eux par une société inviolable.

LE PROLÉTAIRE.

Quelle que soit la hardiesse de cette prétention, il me paraît sensible que c'est pour élever l'édifice social que nous nous sommes arrêtés à considérer dans leur essence les grands principes de fraternité, d'égalité et de liberté, qui doivent en être les premières assises. Et je ne sache pas que l'on en puisse poser de meilleures ni de plus solides dans les fondements de la nouvelle cité.

LE PHILOSOPHE.

Que vous êtes bon ! Après l'ébranlement simultané de toutes les bases de l'ancien ordre, après l'extinction de presque tous les sentiments élevés de notre nature, les principes dont vous parlez, privés de sanction, ne seraient que de vains mots pour tous ceux qui n'écoutent que la voix de l'intérêt. Croyez-moi, il ne reste plus pour base du pacte social que cet intérêt même de chaque associé, qu'il trouve heureusement dans la constitution, fondée sur un avantage mutuel.

LE MISSIONNAIRE.

Quoi ! l'intérêt, qui est destructif du droit, destructif du devoir, et de toutes les relations de dévouement, d'amour mutuel, qui devraient, au sein de la grande famille, unir les frères aux frères, vous oseriez le donner pour base à notre constitution ! Mais si elle n'avait pour tout fondement que l'intérêt, ne serait-ce pas en permettre l'infraction à tout individu pour qui elle deviendrait onéreuse? Car qui est-ce qui l'empêcherait d'en enfreindre les conditions? Et si son bonheur privé, et son devoir de citoyen, venaient à se croiser, à se contrarier, où serait la loi légitime et souveraine pour lui ordonner de sacrifier son intérêt individuel à l'intérêt général?

LE PHILOSOPHE.

Où serait la loi ! Que dites-vous là? Comptez-vous pour rien la conscience qui nous enchaîne à la constitution dans tout ce que nous devons à tous nos concitoyens et au maintien de la société, et qui ne peut nous faire séparer nos droits de nos devoirs, car ce sont deux idées corrélatives ?

LE MISSIONNAIRE.

J'avoue que le droit, principe conservateur de l'homme, implique le devoir, principe conservateur de la société. Mais le devoir, moralement parlant, n'est et ne peut être tel qu'autant qu'il se lie à l'idée d'un pouvoir supérieur, garant de la fidélité des contractants. Sans cela, le devoir comme le droit, bien loin de détourner d'un grand crime qui procurerait impunément de grands biens, consistera à s'immoler tout ce qu'on désire ou tout ce qui fait obstacle, et par conséquent à révoquer toute parole qui nuit, toute promesse qui enchaîne : nul ne pouvant ou ne voulant s'obliger soi-même, ni stipuler contre soi.

LE PHILOSOPHE.

Comment donc ! Oubliez-vous les lois de la société, et la force armée qui les accompagne, pour obliger les citoyens à rester fidèles à la constitution commune, et pour condamner les coupables aux châtiments qu'ils méritent ?

LE MISSIONNAIRE.

Vous n'y pensez pas. Les lois de la société sont nulles, et ne sauraient avoir aucune force préventive, s'il ne fallait reconnaître avant tout une sagesse éternelle, où toute loi a sa raison primitive.

Pour ce qui est de la force, elle ne peut opérer qu'une union purement matérielle. Si elle faisait le droit, toute force qui surmonterait la première succéderait à son droit : l'effet changerait ainsi avec la cause, et l'état de guerre serait l'état permanent de la société; tout le monde voudrait avoir le droit.

LE PHILOSOPHE.

Quand l'intérêt, la force et même les lois de la société ne seraient pas de vrais principes, toujours est-il que s'ils sont fondés sur l'opinion, ils en tiendront lieu, et qu'ils seront d'un puissant moyen pour affermir un État, et pour attacher les citoyens à leurs devoirs.

LE MISSIONNAIRE.

Il faut en juger autrement : l'opinion n'est qu'un tableau mouvant, une roue que rien ne peut arrêter; elle serait le retentissement de la conscience publique, qu'on ne saurait asseoir les lois sur une telle base sans détruire dans son essence l'idée du bien et du mal, et sans faire des hypocrites en donnant pour ressort à la vertu la crainte de l'opinion elle-même.

LE PROLÉTAIRE.

Je crois vous comprendre : il n'y a que les

principes de fraternité, d'égalité et de liberté qui peuvent établir des relations de dévouement et d'amour mutuel au sein de la société; et il faut, pour poser ces fondements un terrain qui ne soit pas mouvant, un terrain ferme, pour résister aux orages et aux tempêtes.

Or il est évident, par ce qui vient d'être dit, qu'il n'y en a pas d'autre que la justice qui, étant éternelle, immuable, universelle, et par conséquent antérieure et supérieure au droit naturel et positif, n'est rien de moins que la source du droit, le fondement des droits et des devoirs des associés. Mais la justice, prise dans son acception la plus haute, et la plus générale, est quelque chose de Dieu, ou plutôt est Dieu même.

D'où je conclus, en m'en tenant aux simples lumières de ma raison, que Dieu est le principe fondamental d'où découlent les lois, le législateur suprême du monde moral, la pierre indestructible et immuable sur laquelle doit reposer l'édifice social.

LE MISSIONNAIRE.

A merveille! cette théorie, aperçue par la raison, est confirmée par l'expérience des âges.

En parcourant l'histoire des nations, on trouve la Divinité au fond de toutes les institutions humaines ; on la voit, pour ainsi dire, intervenir dans les mœurs sociales, servir de base aux lois civiles et politiques, s'identifier avec l'humanité, et présider à toutes ses destinées.

Il est même à croire que c'est au nom de la Divinité que se sont exécutés, lors de la division de la société humaine en plusieurs branches, les rassemblements des premières peuplades, la formation des premiers empires, qui se perdent dans la nuit des temps.

Ce qui est bien sûr, c'est que le gouvernement théocratique a précédé tout autre gouvernement, et que tous les législateurs connus ont fait reposer l'institution sociale sur une idée religieuse. Ainsi Moïse, Zoroastre, Lycurgue, Confucius. Numa, etc., ont mis Dieu à la tête de leurs peuples, et leur ont donné en son nom une charte qui était tout à la fois civile, politique et religieuse. Que dis-je? ils l'ont fait descendre du ciel. Les immortels eux-mêmes ont habité la terre, et gouverné les hommes. Telle a été du moins la croyance du monde à son origine, croyance conservée dans les livres sacrés des anciennes nations.

Au reste, partout des temples et des oracles, partout la politique et la religion se fondant ensemble, et le pouvoir annexé au sacerdoce.

Enfin, c'est près du berceau de tous les peuples qu'on voit briller la foi en Dieu, et c'est près de leur tombeau qu'on la voit s'éteindre (V).

LE PHILOSOPHE.

En vérité, si vous n'admettez pas le droit divin dans la société, si vous n'admettez pas que les prêtres doivent avoir, comme dans l'antiquité, la direction du monde social tout entier, la science, la police, l'administration politique, je ne vois pas ce que vous voulez conclure de là.

LE MISSIONNAIRE.

Ce que les écrivains qui traitent du droit politique en ont conclu : que jamais État ne fut fondé que la réligion ne lui servît de base ; que la croyance en une Providence est la vie des peuples ; et que toutes les fois que le sentiment divin s'affaiblit et périt chez une nation, c'est pour elle un signe infaillible de décomposition et de ruine.

LE PROLÉTAIRE.

Mais quand est-ce qu'elle vient à s'éteindre chez les peuples, cette foi en Dieu qui, ayant sa racine au fond même de notre intime nature, n'est rien moins que l'élément primitif et nécessaire de la société, l'indestructible fondement de l'édifice politique, la condition indispensable et l'unique garantie de presque tous les traités et de tous les contrats qui se font entre les hommes ?

LE MISSIONNAIRE.

L'histoire nous apprend que la foi en Dieu se perd parmi les peuples, alors qu'ayant atteint au faîte des grandeurs, et ne reconnaissant plus d'autre dieu que l'or et les voluptés, ils se jettent de haut en bas, et tombent dans un irrévocable abrutissement ; alors que les mœurs étant changées, les idées de loyauté perdues, les caractères abâtardis, la source des générations tarit ; alors que tout étant turpitude, débauche, bassesse, lâcheté, tout aboutit fatalement à la corruption et à la mort.

C'est ainsi que, malgré tous les progrès de l'industrie et des arts, se sont anéantis les grands empires de l'antiquité; c'est ainsi qu'ont péri Athènes, Carthage et Rome.

LE PHILOSOPHE.

S'il fallait considérer d'après vos principes nos sociétés modernes, il y a longtemps que l'oubli de Dieu et de la morale aurait dû être la cause de leur ruine. Car, dirigées pour la plupart par l'influence de leur législation à une fin directement contraire à l'esprit de fraternité, d'égalité et de liberté, elles ne connaissent d'autre but de leur existence et de leur activité que l'accroissement des jouissances sensuelles et le développement de la richesse.

LE MISSIONNAIRE.

Vous ne songez donc point qu'il n'en est pas de la vie des peuples comme de celle des individus. Le bas-empire, tout mourant qu'il était, mit plusieurs siècles à s'éteindre. Mais je crois que la dernière heure est venue pour bien des nations qui se déshonorent par leur abrutissement et leurs vices (VI). C'en est fait d'elles, si ceux qui les gouvernent ne se hâtent de les régénérer par une de ces révolutions qui concourront providentiellement à la formation de l'unité dans laquelle, selon la prédiction de Jésus-Christ, le genre humain doit progressivement se constituer : unité qui ne saurait porter atteinte aux différentes formes de gouvernement qui sont dans le monde, puisque le christianisme n'exclut aucune forme de souveraineté, et ne contrarie en rien les intérêts matériels de chaque peuple.

Malheur aux princes qui, par une aveugle et brutale domination, par une abjecte cupidité, voudraient contrarier le cours de l'esprit humain, arrêter les idées qui ont été reçues dans le monde depuis la publication de l'Évangile ! Ils attireraient sur leurs têtes des orages comme ceux qui ébranlent et renversent la mer, et lui font jeter les corps morts sur le rivage.

LE PHILOSOPHE.

Vous parlez en homme d'État. A la croyance d'un Dieu rémunérateur et vengeur sont peut-être attachés la paix et le bonheur des sociétés. Pourquoi la négliger, cette croyance, si elle est la seule manière de gouverner les hommes ?

LE MISSIONNAIRE.

Ce n'est pas seulement à cette croyance et à cette connaissance qu'il faut s'en tenir.

LE PROLÉTAIRE.

Non, certes. Et puisque la foi en Dieu, vérité active, sensible, vivante au sein de l'humanité, a toujours été la vie du monde éclos du chaos, l'élan de la société entière ; puisque toutes les fois que cette foi salutaire est venue à lui manquer, elle n'a plus été qu'un cadavre dont l'âme s'est retirée pour toujours, ou un vaisseau sans lest, flottant au gré de tous les vents, à travers les écueils et les tempêtes, mon devoir sera d'entretenir, autant qu'il est en moi, ce feu sacré dans mon pays. Je ne cesserai pas non plus, en ma qualité d'enfant de Dieu, de l'adorer, de l'aimer, de le louer, de le remercier et de le bénir jusqu'au dernier soupir de ma vie.

LE MISSIONNAIRE.

Rien n'est plus juste. Puisse-t-il l'être aussi par tous les esprits, par tous les cœurs, par toutes les bouches, malgré les changements qui bouleverseront toute la surface du globe !

LE PHILOSOPHE.

Eh bien ! il le sera aussi par moi, ce Dieu puissant et bon, qui m'attire doucement à la foi en me donnant l'intelligence de l'incarnation de son fils Jésus-Christ.

LE MISSIONNAIRE.

C'était mon vœu le plus ardent.

Or donc que nous venons d'établir sur des bases inébranlables les principes religieux et politiques qui peuvent régénérer les peuples les plus esclaves et les plus malheureux de la terre, il ne me reste, en vous quittant peut-être pour toujours, qu'à vous prier d'agréer, en souvenir de nos discussions philosophiques, quelques idées touchant l'excellence de la nature humaine et les avantages attachés à la pratique de la vertu, que j'ai mises par écrit, et qui peuvent fournir beaucoup de réflexions.

LE PROLÉTAIRE.

En attendant que nous puissions revenir sur nos entretiens, qui ont embrassé toutes les questions qui sont de notre domaine, et sur lesquelles le débat a fait jaillir la plus vive lumière, voulez-vous, mon cher converti, que nous nous donnions rendez-vous afin de lire, à notre aise et en commun, les pensées de notre illustre ami?

LE PHILOSOPHE.

Oui, nous entendrons cet homme divin qui me semble être descendu du ciel pour civiliser les hommes ; et qui, en cherchant à reconstruire sur de nouvelles bases l'édifice social, a su relever dans mon cœur tout ce que j'y avais abattu, et me faire aspirer à d'autres grandeurs et à un autre bonheur que celui qu'on peut avoir sur la terre.

Oh ! qu'il a raison d'enseigner la religion et la morale, qui donnent la vie aux nations comme aux individus ! Et combien par là il est infiniment supérieur à ces écrivains, malheureusement célèbres, que je n'avais pas cessé de pratiquer, et qui essayèrent, au XVIIIe siècle, d'affranchir la société de la pensée de Dieu, et de l'inféoder à la matière, en ne lui parlant jamais que de besoins matériels, de manufactures, de commerce et de richesses !

LE PROLÉTAIRE.

C'est très-bien. Il me sera toujours doux de penser que nos entretiens ont eu une importance réelle.

PENSÉES

DU MISSIONNAIRE

I

SUR L'EXCELLENCE DE LA NATURE HUMAINE.

Que de fois, ô mes amis, n'avons-nous pas regardé nos semblables avec mépris et horreur, effrayés des contrariétés que nous y découvrions, sans faire réflexion que Dieu était le type de leur forme interne, leur caractère distinctif et leur destination ; et que le péché, en les séparant de l'Être absolu pour les concentrer en eux-mêmes, n'avait pu changer l'essence de leur être, en fausser les tendances, la direction, leur faire perdre, en un mot, leur identité.

Que trouvons-nous, en effet, dans la conscience de chacun de nos semblables? N'est-ce pas cette vérité si précieuse qui nous fait sentir d'où nous venons, par qui nous sommes faits, pourquoi nous ne pouvons être heureux avec les biens terrestres et périssables? N'est-ce pas cette vérité qui leur est rendue sensible, autant que le comporte notre existence terrestre, par le mot de Dieu, son idée sublime, et les rapports de notre intelligence avec la souveraine intelligence: trois choses dont la connaissance est inséparable, mais que pour rendre plus simples, plus claires et plus précises, il est bon d'examiner séparément et en peu de mots.

Et premièrement, le mot de Dieu, qui n'est ignoré d'aucun de nos semblables en qui il reste quelques traits d'humanité, est une marque sensible de l'être divin en la conscience de chacun. Car ce mot n'est pas une simple modification du son, c'est le reflet d'une réalité, la manifestation de l'être absolu, universel. Est-ce que ce mot sublime ne réveille pas cette idée dans l'entendement? Est-ce qu'il n'a pas d'écho dans le cœur? Est-ce qu'il ne règle pas les volontés et les actions de la plupart des hommes? Et cependant si ce mot n'avait aucune origine, s'il avait été inventé, ainsi que l'osent avancer des gens prévenus ou superficiels, serait-il entendu de tous? Se peut-il que des mots soient les signes ou des qualités qui ne sont pas dans les choses, ou des conceptions qui ne se trouvent pas dans l'esprit? Tout nom ne sort-il pas de la chose et n'en constate-t-il pas l'existence? Peut-on seulement désigner des choses qu'on ne connaît point? Ne faut-il pas nécessairement avoir l'idée d'une chose avant de lui donner un nom? Ne peut-on pas défier tous les grammairiens ensemble de nommer l'inexistant, d'en parler aux hommes et d'être entendus d'eux?

En second lieu, l'idée de Dieu, qui est celle de l'Être par lui-même ou de l'infini, est une autre marque encore plus parfaite, et peut-être plus évidente de notre grandeur et de celle de nos semblables.

Oui, certes, cette idée, qui est inséparable de l'idée que nous avons de nous-mêmes, et qui semble se réveiller au fond de la conscience avec celle de notre propre existence, si sublime qu'elle soit, n'en caractérise pas moins l'universalité des hommes, comme l'observe M. Cousin, avouant que le mot peut leur manquer, parce que l'idée n'est pas claire et distincte encore, mais qu'elle n'existe pas moins sous les voiles de l'intelligence.

Quel est, en effet, celui d'entre nous, pour peu qu'il soit capable de réflexion, pour peu qu'il ait la moindre perception, qui ne sente l'insuffisance de ce qu'il entrevoit de lui-même et de la nature, et ne s'humilie à la fois et ne se relève dans la foi intime à l'existence de quelque chose de parfait et d'infini?

Et nous ne devons pas nous imaginer que cette idée ait pu tirer son origine de notre intelligence ou de la nature. Car, premièrement, comment notre intelligence, bornée et imparfaite qu'elle est, aurait-elle pu être le principe de l'idée de l'infini et du parfait? Comment seulement eût-elle pu connaître qu'il lui manque quelque chose et qu'elle n'est pas toute parfaite, si elle n'avait en elle aucune idée d'un être plus parfait que le sien par la comparaison duquel elle connaîtrait les défauts de sa nature, ainsi que l'observe Descartes?

Quant à la nature, qui n'est qu'un ensemble de faits contingents, relatifs, finis, qui tombent sous les sens, n'est-il pas clair qu'elle n'a pu non plus être la cause de cette notion supérieure? Pour l'être, ne faudrait-il pas qu'elle la contînt, et n'est-il pas contradictoire de supposer l'infini contenu dans le fini, le nécessaire dans le contingent, l'absolu dans le relatif? Ne vaudrait-il pas autant supposer l'espace contenu dans les corps, et le temps dans les événements?

Il est vrai qu'il n'est pas au pouvoir de notre esprit de supposer la non-existence du parfait et de l'infini à la vue de l'imparfait et du fini; mais que suit-il de là? que, quoique l'idée du parfait et de l'infini nous soit donnée à l'occasion de l'idée de l'imparfait et du fini, l'imparfait et le fini supposent le parfait et l'infini, de même que la qualité suppose le sujet; la variété, l'unité; et le phénomène, la cause.

Troisièmement enfin, les rapports de notre intelligence avec la souveraine intelligence sont une troisième marque non moins manifeste ni moins incontestable de cette vérité de l'être divin que chaque homme porte en soi.

De même que les astres sont exclusivement déterminés par les lois de la gravitation, qui les font tourner régulièrement autour de leurs soleils ; ainsi les êtres le sont par les tendances de leur nature, n'étant pas en leur pouvoir de rien connaître qu'autant qu'ils sont capables de connaître en général, et toujours dans la mesure de leurs facultés.

S'il leur était donné de pénétrer, par les puissances de leur être, dans une sphère au-dessus de la leur, ils cesseraient d'être ce qu'ils sont, et l'harmonie universelle serait détruite.

De là vient que l'animal, quelle que soit d'ailleurs sa forme extérieure, ne pouvant se connaître lui-même, parce qu'il est privé de la conscience de son existence, ni s'élever aux idées d'ordre, de devoirs et de justice, parce qu'il ne saurait agir par détermination, tourne éternellement dans le même cercle, conformément aux lois de ses besoins et de ses instincts.

L'homme, au contraire, qui, sans avoir rien qui ressemble à de l'instinct, n'est pas incapable de progrès, dont la condition est d'être libre et de parvenir à la perfection qui lui est propre, aspire sans cesse au principe dont il est sorti. Il pénètre au delà des simples phénomènes, s'élève à des idées universelles, et, atteignant par delà la sphère de ce monde, conçoit Dieu, source et principe de toutes choses, et parvient ainsi à se connaître lui-même. Donc il est en rapport avec Dieu en vertu des lois de sa nature intelligente : autrement, Dieu serait inconnu de l'homme comme il l'est des animaux; il ne serait pas pour lui. Or, comme les rapports des êtres, suite nécessaire de leur existence simultanée, ne s'inventent pas, il s'ensuit que la vérité de Dieu, vraie source de l'intelligence, est toujours présente à l'esprit de l'homme, et rayonne d'autant plus vivement qu'il réfléchit davantage.

« Ah ! dit-on, comment se persuader que ce caractère divin soit gravé dans toutes les âmes ? L'ancien paganisme, qui avait divinisé toutes les puissances de la terre et des cieux, ou les objets dont les impressions étaient plus sensibles, n'a-t-il pas rempli longtemps presque tout l'univers? » Cela est vrai. Mais si nous songeons à la conception plus ou moins obscure qu'aux premiers temps de la société le genre humain s'était formée de la Divinité, nous reconnaîtrons que ce n'était pas une idée matériellement fausse, puisqu'elle avait pour principe le sentiment même de la Divinité gravé dans tous les cœurs, mais une idée incomplète, née des vues incomplètes de l'esprit; car les peuples enfants s'étaient arrêtés aux objets sensibles qui agissaient sur eux, sans avoir su remonter à une première cause.

S'il ne fallait voir dans le culte des idolâtres qu'un pur mélange de fictions et d'erreurs, au lieu d'une dégradation d'une loi primitive et sainte, aurait-il jamais pu s'introduire dans les esprits, et se répandre dans le monde? Ce qui l'explique à nos yeux, c'est que l'idée de Dieu, éternelle dans son principe, n'a point de forme éternelle, et que, se manifestant à l'humanité à travers le temps et l'espace, elle en supporte les empreintes et les limites, étant sujette comme tout le reste à la loi du développement depuis la déchéance du genre humain, déchéance que toutes les fausses religions, lesquelles n'étaient qu'une image altérée et une expression déchue de la vérité religieuse, ont exprimée de tous temps, par leur regret sur la perte d'un état heureux désigné par le nom d'âge d'or. De là le panthéisme ou l'identification de la création avec son auteur, puis le polythéisme ou la personnification des forces de la nature, répandus d'abord presque par toute la terre, à la faveur des croyances populaires sur l'action immédiate et locale de la Divinité; mais disparaissant à mesure que les nations se sont éclairées, grâce à la révélation chrétienne, qui a agrandi la sphère des êtres en nous apprenant que toutes les causes particulières sont nécessairement renfermées dans la cause générale; et à tant d'hommes de génie qui ont pu, sous son influence, s'élever à la connaissance des lois de la nature et du système du monde.

Voilà ce qu'un peu de réflexion sur l'humanité déchue nous fait connaître de ses fécondes puissances, et de sa grandeur originelle, marquées par le texte de la Genèse, qui nous apprend aussi pourquoi et comment l'image de Dieu y avait été gâtée!

Voilà ce qui doit nous la faire honorer, et pour quelle raison nous lui devons dévouement et amour!

Mais pour que de si beaux sentiments ne soient pas stériles, infructueux dans nos âmes, il nous faut aimer et pratiquer la vertu. A cette fin, nous allons en considérer les précieux avantages.

II

SUR LES AVANTAGES ATTACHÉS A LA PRATIQUE DE LA VERTU.

Il ne dépend pas absolument de nous, ô mes amis, d'être heureux dans ce monde, car nous sommes sujets à mille accidents que nous ne saurions éviter; mais si nous sommes vertueux, si nous suivons la raison et les ordres que Dieu nous a donnés, nous sommes sûrs de notre bonheur, et nous en trouverons assez dans cette vie.

Premièrement donc il faut aimer Dieu qui a fécondé le chaos à l'origine du monde, qui anime tous les globes qu'il en a fait éclore, et qui pénètre le cœur de l'homme d'un trait de son amour immortel.

Qu'il soit la fin et l'objet de notre amour comme il en est le principe.

C'est dans l'exercice de l'amour de Dieu, qui est un contentement à ce qui est le meilleur, que nous trouverons la satisfaction de tous les légitimes instincts de notre nature.

Le propre de l'amour est de tendre à l'union. Pour être uni à Dieu, il faut un cœur pur et simple. Dieu repose au fond des âmes pures comme la rosée dans un vase pur : le cœur des hommes justes est le plus beau de tous ses temples.

L'amour de Dieu doit être le fondement de l'amour du prochain. C'est pour l'amour de Dieu que nous devons aimer ceux à qui il a donné une âme semblable à la nôtre, et qu'il a honorés comme nous de sa divine ressemblance, sans en excepter nos ennemis et nos persécuteurs.

Que l'amour de leur faire du bien s'épanche généreusement de cette haute origine, et la vie aura beau être une mer furieuse et agitée, la charité nous sauvera des écueils dont elle est semée; elle sera le phare qui éclairera notre route au milieu des tempêtes, le vent qui enflera les voiles, et conduira le vaisseau dans le port.

De tous les sentiments, l'humilité est le seul qui puisse satisfaire en même temps à l'amour de Dieu et à celui du prochain. En nous guérissant de l'orgueil, cette grande maladie de l'âme, l'humilité nous éclairera sur nos rapports avec Dieu et avec nos semblables, établira en nous une paix inaltérable et une sainte harmonie, et ne laissera plus emporter notre vie à tous les souffles de la vanité. Après tout, de quoi pourrions-nous nous glorifier? nous avons le néant pour fond; nous ne sommes la cause de rien; nous ne pouvons nous rien donner; nos idées et nos sentiments ne dépendent pas de nous; toutes nos connaissances sont acquises. Dieu seul est grand : en nous comblant de ses grâces, il couronne ses propres dons, et le premier don reçu c'est nous-mêmes.

C'est par le sentiment du beau dans ses rapports avec le vrai et le bien, et qui a son type dans l'*Homme-Dieu*, que nous pouvons nous élever à l'amour de la vertu, sublime apanage de notre nature. La beauté se flétrit, l'argent s'épuise; il n'y a que la vertu, pur reflet de la Divinité, qui ne se flétrit ni ne s'épuise jamais. Elle a dans son abord je ne sais quoi de grave et de sévère, mais dont l'effet est que tout le reste n'en est que plus doux. Ceux qui ont le désir de la posséder, elle les attire à elle par une secrète et merveilleuse douceur, et leur cause un genre de félicité inconnu sur la terre.

A mesure que nous croîtrons dans l'amour de la vertu, nous aurons en horreur les vices. Source de bien des crimes, ils n'engendrent que corruption et désordre; ils font le tourment de ceux qui s'y livrent par les séditions qu'ils excitent dans leurs âmes, et par l'opposition continuelle où ils les mettent avec eux-mêmes. Ce n'est qu'en les domptant que nous assurerons notre repos, notre santé, notre avenir.

Si les vices sont également contraires aux lois physiques et morales, le scandale qui peut en résulter est quelque chose de plus funeste et de plus monstrueux encore. Car le péché meurt, pour ainsi dire, avec ce qu'il y a de périssable en nous; mais le scandale peut être immortel, il peut infecter de son venin tous ceux sur qui il se répand.

Quant à nous, ne voyons point avec scandale les actions d'autrui; songeons qu'elles peuvent résulter de différents motifs; et que celui que nous regardons en pitié, peut un jour sentir sa misère, et la miséricorde de Dieu, et recouvrer ainsi toute sa dignité et toute sa grandeur.

Il y a ceci de spécial que nous pouvons réparer nos fautes par une sincère pénitence. N'ayons garde cependant de nous abandonner à nous-mêmes, à l'ardeur de nos mauvais désirs, à la tyrannie de nos passions; de peur que les vils instincts ne dominent en nous, et que l'humanité manquant de force pour les combattre, nous ne descendions à l'état de brute. Malheur à nous, si nous nous endormions dans le crime, et si notre infâme repos n'était plus troublé par le cri de la conscience!

S'il est bon et même nécessaire de lutter contre des passions dangereuses ou vicieuses, il ne l'est pas moins de profiter du temps qui, comme un torrent descendu des montagnes, ne remonte plus à sa source. Rien de plus important que le terme où il aboutit : la vie est entre deux éternités.

Avons-nous reçu en partage les dons du génie ou de la fortune, élevons un monument de science ou de vertu, éclairons les esprits par les lumières d'une haute intelligence, régnons sur les cœurs par les élans d'une âme généreuse, soyons une providence pour nos frères. L'ambition des choses sublimes n'est pas incompatible avec l'humilité : elle peut être compagne de la vertu.

Sommes-nous, au contraire, nés peu fortunés, n'ayons garde de dépenser notre noble existence à la poursuite des biens de la terre. Pourquoi nous fatiguer à acquérir ce qu'il faudra un jour mépriser? Bornons-nous à cultiver ce fond de vertu, métal divin que Dieu a déposé dans nos cœurs, et qui nous causera une joie que l'or et l'argent des hommes ne peuvent donner.

Qui que nous soyons, laissons-nous envahir, posséder par la passion du devoir, loi d'amour qui s'étend à la grande famille humaine. De toutes les passions elle est la plus active et la plus ardente; rien ne peut la refroidir ni la ralentir jamais. Au contraire, elle s'enflamme par les obstacles; elle grandit comme les hauts sapins qui ne croissent jamais mieux que dans la région des orages. C'est par la passion du devoir que l'on tient au ciel.

Enfin, voulons-nous rendre notre vie supportable, bannissons de notre cœur tout sentiment qui nous rendrait idolâtres de nous-mêmes et le tyran des autres. Du reste, nous aurions beau nous attacher à cette chétive planète, et nous faire le centre de tout, comme si tout n'était fait que pour nous, nous n'en marcherions pas moins vers le tombeau, et « trainant après nous la longue chaîne de nos espérances trompées. »

En reconnaissant que cette vie ne mérite pas de terminer tous nos vœux, espérons, dans des dispositions conformes à la volonté de Dieu, une vie autre et meilleure, dont la philosophie ne donne qu'une première notion, mais que le christianisme, qui en est le complément sublime, fait connaître dans une pleine évidence. Et nous attendrons la mort de même qu'un voyageur, surpris par l'orage dans une nuit d'hiver, attend le lever du jour dont il aperçoit l'aurore.

Pendant que nous sommes encore dans ce monde, ne nous affligeons pas des épreuves et des misères de la vie présente, qui feront un jour les félicités de la vie future ; elles nous purifient en nous fortifiant. Elles sont pour nous comme les vagues qui empêchent le fleuve de devenir un marais stagnant ; comme les vents qui secouent les branches des arbres, emportent les feuilles et laissent le fruit ; comme le feu qui consume la paille et épure l'or.

Que de fois une douleur sublime nous a rappelés à la dignité de notre nature ; que de fois nous nous sommes sentis rajeunis et retrempés dans le malheur ! Les épreuves dont, peut-être, nous nous plaignons en ce moment, sont nécessaires pour nous faire parvenir à la perfection à laquelle nous sommes propres. Tenons pour certain que celui qui mesure aux plantes le terrain et le vent, abrégera les tentations, ou nous soutiendra au milieu des plus grands maux.

Et pourtant si nous sommes vraiment chrétiens, nous trouverons un charme au fond même de nos souffrances : il nous sera doux de les unir aux souffrances fécondes de Jésus-Christ, qui a fait jaillir de la croix, à laquelle il avait appelé Marie, sa divine mère, la vie de la grâce et de l'immortalité !

C'est même l'espérance de cette vie que la foi illumine de clartés immortelles, qui doit nous engager à souffrir courageusement jusqu'à la fin, assurés que Dieu, qui est toujours présent à notre cœur, veut nous en mettre en possession par la souffrance et la mort.

Il n'y a que ceux d'entre nous qui se sont séparés par le péché du souverain Bien, de la lumière éternelle, ou qui n'ont pas su, à l'aide de la grâce, sortir de la corruption des vices et des passions, qui ont à craindre d'arriver, par la mort, au souverain Mal, aux ténèbres et à l'éternelle fureur.

NOTES

I

Sur l'origine du mal

Page 74.

Voici sur un point de cette importance, l'abrégé de la controverse réduite à des arguments en forme par Leibnitz lui-même. Personne, nous l'espérons, ne se plaindra de l'étendue de cette citation, d'autant plus qu'elle est d'un des plus grands esprits qui aient paru dans le monde.

« Première objection. — Quiconque ne prend point le meilleur parti, manque de puissance, ou de connaissance, ou de bonté. Dieu n'a point pris le meilleur parti en créant ce monde. Donc, Dieu a manqué de puissance, ou de connaissance, ou de bonté.

« Réponse. — On nie la mineure, c'est-à-dire la seconde prémisse de ce syllogisme... Le meilleur parti n'est pas toujours celui qui tend à éviter le mal, puisqu'il se peut que le mal soit accompagné d'un plus grand bien... La chute d'Adam a été appelée un péché heureux, parce qu'il avait été réparé avec un avantage immense, par l'incarnation du Fils de Dieu, qui a donné à l'univers quelque chose de plus noble que tout ce qu'il y aurait eu sans cela parmi les créatures.

« Deuxième objection. — S'il y a plus de mal que de bien dans les créatures intelligentes, il y a plus de mal que de bien dans tout l'ouvrage de Dieu. Or, il y a plus de mal, etc., donc...

« Réponse. — On nie la majeure et la mineure de ce syllogisme conditionnel... Quant à la mineure, on ne la doit point accorder non plus, c'est-à-dire on ne doit point accorder qu'il y a plus de mal que de bien dans les créatures intelligentes. On n'a pas même besoin de convenir qu'il y a plus de mal que de bien dans le genre humain, parce qu'il se peut, et il est même fort raisonnable, que la gloire et la perfection des bienheureux soient incomparablement plus grandes que la misère et l'imperfection des damnés, et qu'ici l'excellence du bien total dans le petit nombre prévaille au mal total dans le nombre plus grand. Les bienheureux approchent de la Divinité, par le moyen d'un divin médiateur, autant qu'il peut convenir à ces créatures, et font des progrès dans le bien, qu'il est impossible que les damnés fassent dans le mal, quand ils approcheraient le plus près qu'il se peut de la nature des démons. Dieu est infini, et le démon est borné; le bien peut aller et va à l'infini, au lieu que le mal a ses bornes. Il se peut donc, et il est à croire qu'il arrive, dans la comparaison des bienheureux et des damnés, le contraire de ce que nous avons dit pouvoir arriver dans la comparaison des heureux et des malheureux, que la proportion des degrés surpasse celle des nombres, et que dans la comparaison des créatures intelligentes et non intelligentes, la proportion des nombres soit plus grande que celle des prix. On est en droit de supposer qu'une chose se peut, tant qu'on ne prouve point qu'elle est impossible, et même ce qu'on avance ici passe la supposition. Mais, en second lieu, quand on accorderait qu'il y a plus de mal que de bien dans le genre humain, on a encore tout sujet de ne point accorder qu'il y a plus de mal que de bien dans toutes les créatures intelligentes, car il y a un nombre inconcevable de génies, et peut-être encore d'autres créatures raisonnables. Et un adversaire ne saurait prouver que dans toute la cité de Dieu, composée tant de génies que d'animaux raisonnables sans nombre, et d'une infinité d'espèces, le mal surpasse le bien.

« Troisième objection. — S'il est toujours impossible de ne point pécher, il est toujours injuste de punir. Or... Donc... On en prouve la mineure. Ce qui est futur, ce qui est prévu, ce qui est enveloppé dans les causes, est prémédité, et, par conséquent, est nécessaire...

« Réponse. — *On nie* que tout prémédité est nécessaire, parce qu'il est manifeste que cela n'est point applicable aux actions volontaires, qu'on ne ferait point si on le voulait bien. Aussi leur prévision et prédétermination n'est pas absolue, mais elle suppose la volonté. S'il est sûr qu'on les fera, il n'est pas moins sûr qu'on les voudra faire... C'est pourquoi la détermination dont il s'agit n'est point une nécessitation. Il est certain (à celui qui sait tout) que l'effet suivra cette inclination; mais cet effet n'en suit point par une conséquence nécessaire, c'est-à-dire dont le contraire implique contradiction.

« Quatrième objection. — Quiconque peut empêcher le péché d'autrui et ne le fait pas, mais y contribue plutôt, quoi-qu'il en soit bien informé, en est complice. Dieu peut... Donc, etc.

« Réponse. — On nie la majeure de ce syllogisme, car il se peut qu'on puisse empêcher le péché, mais qu'on ne doive point le faire, parce qu'on ne le pourrait sans commettre soi-même un péché, ou (quand il s'agit de Dieu) sans faire une action déraisonnable... Il se peut aussi qu'on contribue au mal, et qu'on lui ouvre même le chemin quelquefois, en faisant des choses qu'on est obligé de faire. Et quand on fait son devoir, ou (en parlant de Dieu) quand, tout bien considéré, on fait ce que la raison demande, on n'est point responsable des événements, lors même qu'on les prévoit. On ne veut pas ces maux, mais on les veut permettre pour un plus grand bien, qu'on ne saurait se dispenser raisonnablement de préférer à d'autres considérations.

« Cinquième objection. — Quiconque produit tout ce qu'il y a de réel dans une chose, en est la cause. Dieu produit tout ce qu'il y a de réel dans le péché. Donc, etc.

» Réponse. — On pourrait se contenter de nier la majeure ou la mineure, parce que le terme de *réel* reçoit des interprétations qui peuvent rendre ces propositions fausses. Mais pour se mieux expliquer on distinguera... Toute réalité purement positive ou absolue est une perfection. L'imperfection vient de la limitation, c'est-à-dire du privatif; car limiter est refuser le progrès ou le plus outre. Or, Dieu est la cause de toutes les perfections, et par conséquent de toutes les réalités, lorsqu'on les considère comme purement positives. Mais les limitations ou les privations résultent de l'imperfection originale des créatures qui borne leur réceptivité... Saint Augustin explique (par exemple) comment Dieu endurcit, non pas en donnant quelque chose de mauvais à l'âme, mais parce que l'effet de sa bonne impression est bornée par la résistance de l'âme et par les circonstances qui contribuent à cette résistance; en sorte qu'il ne lui donne pas tout le bien qui surmonterait son mal. Mais si Dieu y avait voulu faire davantage, il aurait fallu faire, ou d'autres natures des créatures, ou d'autres miracles, pour changer leurs natures, que le meilleur plan n'a pu admettre...

Opinion personnelle à l'auteur; il y revient à la page suivante.

« Sixième objection. — Quiconque punit ceux qui ont fait aussi bien qu'il était en leur pouvoir de faire, est injuste. Dieu le fait. Donc, etc.

« Réponse. — On nie la mineure de cet argument, et l'on croit que Dieu donne toujours les aides et les grâces qui suffiraient à ceux qui auraient une bonne volonté, c'est-à-dire qui ne rejetteraient pas ces grâces par un nouveau péché. Ainsi on n'accorde point la damnation des enfants morts sans baptême ou hors de l'Eglise, ni la damnation des adultes qui ont agi suivant les lumières que Dieu leur a données. Et l'on croit que si quelqu'un a suivi les lumières qu'il avait, il en recevra indubitablement de plus grandes dont il a besoin.

« Septième objection. — Quiconque donne à quelques-uns seulement, et non pas à tous, les moyens qui leur font avoir effectivement la bonne volonté et la foi finale n'a pas assez de bonté. Dieu le fait. Donc, etc.

« RÉPONSE. — On en nie la majeure : il est vrai que Dieu pourrait surmonter la plus grande résistance du cœur humain, et il le fait aussi quelquefois, soit par une grâce interne, soit par les circonstances externes qui peuvent beaucoup sur les âmes ; mais il ne le fait point toujours. D'où vient cette distinction, dira-t-on, et pourquoi paraît-elle bornée? C'est qu'il n'aurait point été dans l'ordre d'agir toujours extraordinairement, et de renverser la liaison des choses. Les raisons de cette liaison, par laquelle l'un est placé dans des circonstances plus favorables que l'autre, sont cachées dans la profondeur de la sagesse de Dieu ; elles dépendent de l'harmonie universelle. Le meilleur plan de l'univers que Dieu ne pouvait manquer de choisir, le portait ainsi. On le juge par l'événement même ; puisque Dieu l'a fait, il n'était pas possible de mieux faire.

« HUITIÈME OBJECTION. — Quiconque ne peut manquer de choisir le meilleur n'est point libre. Dieu ne... Donc, etc

« RÉPONSE. — On nie la majeure de cet argument : c'est plutôt la vraie liberté, et la plus parfaite, de pouvoir user le mieux de son franc arbitre, et d'exercer toujours ce pouvoir sans en être détourné ni par force externe ni par les passions internes, dont l'une fait l'esclavage des corps et les autres celui des âmes. Il n'y a rien de moins servile que d'être toujours mené au bien, et toujours par sa propre inclination, sans aucune contrainte et sans aucun déplaisir. Et d'objecter que Dieu avait donc besoin des choses externes, ce n'est qu'un sophisme. Il les crée librement ; mais s'étant proposé une fin qui est d'exercer sa bonté, la sagesse l'a déterminé à choisir les moyens les plus propres à obtenir cette fin. Appeler cela *besoin*, c'est prendre le terme dans un sens non ordinaire qui le purge de toute imperfection, à peu près comme l'on fait quand on parle de la colère de Dieu.

« Cependant, quoique sa volonté soit toujours immanquable et aille toujours au meilleur ; le mal, ou le moindre bien qu'il rebute, ne laisse pas d'être possible en soi; autrement la nécessité du bien serait géométrique (pour ainsi dire) ou métaphysique et tout à fait absolue, la contingence des choses serait détruite, et il n'y aurait point de choix...

« Et comme cette constitution de la nature divine donne une satisfaction entière à celui qui la possède, elle est aussi la meilleure et la plus souhaitable pour les créatures qui dépendent de Dieu. Si la volonté de Dieu n'avait point pour règle le principe du meilleur, elle irait au mal, ce qui serait le pis ; ou bien elle serait indifférente au bien et au mal et guidée par le hasard; mais une volonté qui se laisserait toujours aller au hasard, ne vaudrait guère mieux pour le gouvernement de l'univers, que le concours fortuit des corpuscules, sans qu'il y eût aucune Divinité. Et quand même Dieu ne s'abandonnerait au hasard qu'en quelques cas et en quelque manière (comme il ferait, s'il n'allait pas toujours entièrement au meilleur et s'il était capable de préférer un moindre bien à un plus grand, c'est-à-dire un mal à un bien, puisque ce qui empêche un plus grand bien est un mal), il serait imparfait, aussi bien que l'objet de son choix, il ne mériterait point une confiance entière; il agirait sans raison dans un tel cas, et le Gouvernement de l'univers serait comme certains jeux mi-partis entre la raison et la fortune. Et tout cela fait voir que cette objection qu'on fait contre le choix du meilleur, pervertit les notions du libre et du nécessaire, et nous représente le meilleur même comme mauvais, ce qui est malin ou ridicule. » (*Essais de Théodicée.*)

En traitant la même question, M. Guizot aboutit à cette conclusion qu'on ne lira pas sans intérêt :

« Je ne compte point les élus; je m'arrête dans le fait même de la rédemption par Jésus-Christ, fait sur lequel le dogme se fonde... La victime et le sacrifice devaient être égaux à l'œuvre. L'œuvre a été la religion chrétienne, cet incomparable système de faits, de dogmes, de préceptes et de promesses qui, à travers tous les doutes et toutes les controverses de l'esprit humain, répond, depuis dix-neuf siècles, aux instincts religieux naturels et aux problèmes religieux naturels du genre humain. » (*Méditations sur la religion chrétienne*). — 2e MÉDIT.

II

Sur la grande catastrophe qui a bouleversé le globe.

Page 193.

Ce que nos livres saints nous ont appris sur ce sujet, le progrès de la science est venu le confirmer par les monuments de la nature, comme, entre autres, M. Flourens l'a fort bien remarqué dans le passage suivant :

« Il y a eu un déluge. Moïse le dit, et la terre entière le dit et le *raconte* comme Moïse. Faudra-t-il, avec Deluc, avec Buffon lui-même, se perdre en dissertations sur le mot *jour ?*

« Que pouvons-nous entendre, dit Buffon lui-même, par les six jours que l'écrivain sacré nous désigne si précisément en les contemplant les uns après les autres, sinon six espaces de temps, six intervalles de durée ? » Oui, sans doute, et il n'est pas besoin de disserter pour cela. Deluc trouve que Moïse n'indique pas bien le moment précis où commencèrent les pluies du déluge. « Quant aux pluies, dit-il, qui accompagnèrent cette catastrophe, elles commencèrent probablement avant le moment dont parle Moïse. » *Probablement*, c'est pousser le scrupule bien loin; et je laisse Deluc se tirer de là comme il peut. Que font ici de petites preuves, quand on a les grandes ?

Et, d'ailleurs, ce n'est pas *la Genèse* seule qui nous a gardé le souvenir de ces grandes choses. La mémoire en est partout.

« La tradition du déluge universel, dit Bossuet, se trouve par toute la terre. »

Il y a plus : il y a, si je puis ainsi dire, un esprit humain *primitif*, et *toujours conservé*, qui date de cette dernière et grande catastrophe du globe.

« L'affreux spectacle d'un monde détruit, dit Boulanger, dans son livre de l'*Antiquité dévoilée*, fit sur l'homme des impressions si étranges et si profondes, qu'il en résulta nécessairement des principes qui ont influé sur sa conduite et sur celle de sa postérité. »

Mais pourquoi citer Boulanger, quand je puis citer Buffon ? Car Buffon ne dédaigne pas d'employer ici les mêmes idées, en les agrandissant par le style. Il peint « les premiers hommes, témoins des mouvements convulsifs de la terre... n'ayant que les montagnes pour asiles contre les inondations, chassés souvent de ces mêmes asiles par le feu des volcans, tremblants sur une terre qui tremblait sous leurs pieds, nus d'esprit et de corps. »

Et, comme il le dit si bien, « ces hommes, profondément affectés des calamités de leur premier état, et ayant encore sous les yeux les ravages des inondations, les incendies des volcans, les gouffres ouverts par les secousses de la terre, ont conservé un souvenir durable et presque éternel de ces malheurs du monde... »

M. Flourens dit encore d'ailleurs à ce sujet :

«Voici comment parlait M. Cuvier quelques années plus tard : « En examinant bien, dit-il, ce qui s'est passé sur la terre depuis qu'elle a été mise à sec pour la dernière fois, et que les continents ont pris leur forme actuelle, l'on voit clairement que cette dernière révolution et, par conséquent, l'établissement de nos sociétés actuelles ne peuvent pas être très-anciens. C'est un des résultats à la fois les mieux prouvés et les moins attendus de la saine géologie, résultat d'autant plus précieux, qu'il lie d'une chaîne non interrompue l'histoire naturelle et l'histoire civile. »

« Les *deltas*, dans leur accroissement continuel, constituent, comme les dunes, dit M. Elie de Beaumont, une sorte de *chronomètre naturel*... Il est évident que la formation des deltas a commencé avec celle des dunes, et l'appui que se prêtent des supputations, fondées sur deux ordres de faits aussi différents, me semble donner un grand poids à la conclusion que la période actuelle, qui est à la fois l'ère des deltas et l'ère des dunes, ne remonte qu'à une époque assez peu éloignée de nous.

« Nous voyons, ajoute-t-il, par la faiblesse de la largeur de la bande des dunes, comparée à son extension incessante, que le moment où le mouvement a commencé n'est pas très-reculé : on trouverait quelques milliers d'années, et pas en très-grand nombre. » *(De la longévité humaine.)*

Voici maintenant comment on explique, d'après la science moderne, le déluge dont l'histoire sacrée nous a transmis le souvenir :

« Toutes les particularités du récit biblique, dit M. Figuier, s'expliquent de la manière la plus complète par l'éruption volcanique et boueuse qui précéda la formation du mont Ararat. Les eaux qui produisirent l'inondation de ces contrées provenaient d'une éruption volcanique accompagnée d'énormes masses de vapeurs. Ces vapeurs, se condensant en eau, retombèrent sur la terre et inondèrent les plaines étendues qui partent aujourd'hui du pied de l'Ararat, immense gibbosité montagneuse.

« Une expression du texte biblique mérite seule une explication : c'est le mot *toute la terre*. Un géologue à qui l'on doit un savant livre, *la Cosmogonie* de Moïse, Marcel de Serres, en a donné une parfaitement admissible. Il dit que par le mot *haarets* que l'on traduit à tort par *toute la terre*, Moïse n'a entendu désigner que la partie pour lors habitée.» *(La Terre avant le déluge.)*

III

Sur les grandes variétés qui distinguent les races humaines.

Page 193.

Lacépède, qui s'accorde avec Buffon, Cuvier, Blumenbach, M. Virey et M. Wiseman, pour prouver l'unité d'origine de l'espèce humaine, et les différents changements qu'elle a éprouvés par l'influence du climat, pense toutefois que, pour rendre raison des grandes variétés qu'elle présente à son extérieur, il faut remonter à une époque rapprochée du déluge. Voici comme il en parle :

« L'espèce humaine est seule de son genre ; mais on remarque dans les individus qui la composent des conformations particulières et héréditaires qui constituent des races distinctes et permanentes. La nature de l'air, de la terre et des eaux; celle du sol et des productions qu'il fait naître ; l'élévation du territoire au-dessus du niveau des mers; le nombre, la hauteur et la disposition des montagnes ; la régularité ou les variations de la température ; l'intensité et la durée du froid ou de la chaleur, sont des causes puissantes et durables qui ont créé, pour ainsi dire, les grandes races dont se compose l'espèce humaine. On en compte plusieurs ; mais trois se distinguent par des caractères beaucoup plus faciles à saisir : ces trois sont l'arabe européenne ou la caucasique, la mongole, et la nègre ou l'éthiopique.

« Selon que la race humaine est soumise à une chaleur excessive, à un froid rigoureux ou bien à une douce température, à la sécheresse ou à l'humidité, aux vents violents ou aux pluies abondantes, et qu'elle reçoit l'action de ces différentes forces plus ou moins combinées, elle peut offrir, et présente en effet, de grandes différences dans son extérieur, et forme, par la nature et la couleur de ses téguments, des sous-variétés très-remarquables. Le tissu muqueux ou réticulaire qui règne entre l'épiderme et la peau proprement dite, s'organise ou s'altère de manière à changer la couleur générale des individus, la nature, la longueur et la nuance des cheveux et des poils. Cette couleur est le plus souvent blanche dans les pays tempérés et presque froids : les cheveux y sont blonds, très-longs et très-fins. Le blanc se change en basané, en brun, en jaunâtre, en olivâtre, en rouge-brun assez semblable à la couleur du cuivre, et même en noir très-foncé, à mesure que la chaleur, la sécheresse ou d'autres causes analogues augmentent : la longueur des cheveux diminue en même temps; leur finesse disparaît, leur nature change; ils deviennent laineux ou cotonneux. (*Histoire naturelle de l'homme.*)

« Le climat qui produit les variétés secondaires de l'espèce humaine, qui altère les téguments, qui change du blanc au noir, ou du noir au blanc, la couleur de chaque race en particulier, a-t-il pu agir assez profondément sur les parties solides de l'homme pour en dénaturer les proportions et leur imprimer les dimensions particulières qui constituent les différences des races ?

« Nous ne pouvons pas douter que la rigueur de la température qui pèse constamment sur la race hyperboréenne n'ait produit cette race, en rapetissant toutes les dimensions et en modifiant les proportions d'une ou de deux autres races, dont des individus plus ou moins nombreux, forcés par des causes physiques ou morales de quitter leur terre natale, auront été repoussés jusqu'au cercle polaire, et contraints d'habiter cette froide région comme leur unique asile. Mais à l'égard des autres races, et particulièrement de la mongole et de l'arabe-européenne, il se présente une grande difficulté. Comment le climat, pourrait-on dire, a-t-il produit les caractères profonds qui distinguent l'une ou l'autre de ces races, lorsque nous voyons chacune de ces grandes tribus de l'espèce humaine varier dans son intérieur, dans ses cheveux, dans sa peau, dans ses couleurs, à mesure qu'elle est soumise à plus de chaleur ou de froid, de sécheresse ou d'humidité, mais montrer toujours la même charpente osseuse, et se faire remarquer, sous la ligne comme auprès des glaces septentrionales, par ces traits prononcés qui servent si facilement à la reconnaître ?

« Voici ce qu'on peut répondre à cette objection : Les grandes variétés de l'espèce humaine ne sont pas un ouvrage récent des causes naturelles à l'influence desquelles l'homme est soumis, comme les variétés secondaires qui consistent dans les nuances de la peau et les qualités des cheveux. Lorsque l'espèce humaine a été divisée en groupes fondamentaux, lorsque les différentes races ont commencé d'exister, l'action du climat était bien supérieure à ce qu'elle est aujourd'hui. Elles ont été produites, ces races, à une époque très-rapprochée de la dernière des catastrophes qui a bouleversé la surface du globe. Tous les éléments dont la réunion compose ce que nous appelons l'*influence du climat* présentaient, dans ces temps d'agitations et de désordres, une puissance bien supérieure à celle qu'ils peuvent manifester maintenant, où un calme d'un grand nombre de siècles a émoussé toutes les forces de la nature les unes par les autres, et enchaîné l'activité d'un grand nombre de substances par leur rapprochement, leur mélange et leurs combinaisons. A cette époque de destruction où les lois conservatrices étaient pour ainsi dire suspendues, où chaque chose était en quelque sorte hors de sa place, les extrêmes étaient bien plus éloignés les uns des autres; les contrastes étaient plus frappants, les changements plus soudains; et c'est cette succession rapide de causes contraires, ou du moins très-différentes, qui a toujours fait éprouver aux êtres organisés les effets les plus marqués, les modifications les plus profondes, les altérations les plus durables.

« Le climat a donc pu produire, dans le temps, les races de l'espèce humaine, comme il en produit encore les variétés du second ordre. » *(Vue générale des progrès de plusieurs branches des sciences naturelles.)*

Ajoutons ici que la doctrine de la Genèse répond mieux qu'aucune autre à tout ce que les faits nous assignent ou nous laissent entrevoir sur l'unité de notre espèce :

« Je me représente, dit M. Hollard, cette jeune et féconde humanité des premiers âges, telle que nous la peint Moïse, à la veille et au moment de sa dispersion. Une et pleine de vie, elle a conscience d'une force qui l'enivre ; elle est tentée de manquer à sa destinée et de résister à son Dieu, qui lui montre, loin des heureuses contrées qu'elle habite, la route des grandes et rudes conquêtes qu'il lui réserve. Tout à coup ces hommes, qui jusqu'alors n'avaient eu qu'un langage, cessent de se comprendre ; la grande famille se divise, et ses tribus deviennent étrangères les unes aux autres ; elles ne peuvent plus habiter les mêmes lieux, une impulsion leur est donnée, et chacune s'engage sur la route que lui indique le doigt providentiel. Arrivés sous des climats divers, des transformations s'opèrent et des types nouveaux remplacent le type primitif, le type caucasique, de tous ceux de la diversité humaine le plus simple et celui qui porte le moins l'empreinte de la nature. » *(De l'homme et des races humaines.)*

IV

Sur la notion du juste et de l'injuste.

Page 202.

Aristote, qui a étonné le monde par l'étendue de sa science, regarde la justice naturelle comme une lumière qui se répand par la parole, et qui a partout la même force, et ne dépend, comme il le dit dans sa *Morale*, ni des opinions ni des décrets des hommes.

Voltaire, à qui il n'a manqué que le sens moral pour être un parfait écrivain, prouve à son tour l'universalité de cette vertu, qui fait une partie essentielle de la religion.

Rousseau, que l'on trouve sur le chemin de toutes les vérités lorsqu'il n'est pas contraint d'en sortir par l'esprit de système, comme l'observe avec un grand sens M. Ballanche, reconnaît également cette vérité capitale ; et il l'établit par la bonté morale qui se retrouve au fond de nos cœurs. Écoutons d'abord le philosophe grec :

« Si l'homme est infiniment plus sociable que les abeilles et tous les autres animaux qui vivent en troupe, c'est évidemment, je le répète, que la nature ne fait rien en vain. Or, elle accorde la parole à l'homme exclusivement. La voix peut bien exprimer la joie et la douleur, aussi ne manque-t-elle pas aux autres animaux, parce que leur organisation va jusqu'à ressentir ces deux affections et à se les communiquer ; mais la parole est faite pour exprimer le bien et le mal, le juste et l'injuste ; et l'homme a ceci de spécial, qu'il perçoit le bien et le mal, le juste et l'injuste, et tous les sentiments de même ordre dont la communauté constitue précisément la famille et l'Etat... Si l'homme, parvenu à toute sa perfection, est le premier des animaux, il est bien aussi le dernier quand il renonce aux lois et à la justice. Quoi de plus monstrueux, en effet, que le crime armé? Mais l'homme a reçu de la nature les armes de la sagesse et de la vertu, qu'il doit surtout employer contre ses passions mauvaises. Sans la vertu, c'est l'être le plus pervers et le plus féroce ; il n'a que les emportements brutaux de l'amour et de la faim. La justice est une nécessité sociale ; car le droit est une règle de l'association politique, et la décision du juge n'est que l'expression de la justice. » (*Politique*, l. I, ch. I.)

« La notion de quelque chose de juste, dit Voltaire, me semble si naturelle, si universellement acquise par tous les hommes, qu'elle est indépendante de toute loi, de tout pacte, de toute religion. Que je redemande à un Turc, à un Guèbre, à un Malabare, l'argent que je lui ai prêté pour se nourrir et pour se vêtir, il ne lui tombera jamais dans la tête de me répondre : Attendez que je sache si Mahomet, Zoroastre ou Brama ordonne que je vous rende votre argent. Il conviendra qu'il est juste qu'il me paie, et s'il n'en fait rien, c'est que sa pauvreté ou son avarice l'emporteront sur la justice qu'il reconnaît.

« Je mets en fait qu'il n'y a aucun peuple chez lequel il soit juste, beau, convenable, honnête, de refuser la nourriture à son père et à sa mère quand on peut leur en donner ; que nulle peuplade n'a jamais pu regarder la calomnie comme une bonne action, non pas même une compagnie de bigots fanatiques.

« L'idée de justice me paraît tellement une vérité de premier ordre, à laquelle tout l'univers donne son assentiment, que les plus grands crimes qui affligent la société humaine sont tous commis sous un faux prétexte de justice. Le plus grand des crimes, du moins le plus destructif, et par conséquent le plus opposé au but de la nature, est la guerre; mais il n'y a aucun agresseur qui ne colore ce forfait du prétexte de la justice.

« Les déprédateurs romains faisaient déclarer toutes leurs invasions justes par des prêtres nommés *fécials*; tout brigand qui se trouve à la tête d'une armée commence ses fureurs par un manifeste, et implore le dieu des armées.

« Les petits voleurs eux-mêmes, quand ils sont associés, se gardent bien de dire : Allons voler, allons arracher à la veuve et à l'orphelin leur nourriture ; ils disent : Soyons justes, allons reprendre notre bien des mains des riches, qui s'en sont emparés. Ils ont entre eux un dictionnaire qu'on a même imprimé dès le XVIe siècle, et dans ce vocabulaire, qu'ils appellent *argot*, les mots de *vol*, *larcin*, *rapine*, ne se trouvent point; ils se servent des termes qui répondent à gagner, reprendre.

« Le mot d'*injustice* ne se prononce jamais dans un conseil d'État où l'on propose le meurtre le plus injuste; les conspirateurs, même les plus sanguinaires, n'ont jamais dit : Commettons un crime. Ils ont tous dit : Vengeons la patrie des crimes du tyran; punissons ce qui nous paraît une injustice. En un mot, flatteurs lâches, ministres barbares, conspirateurs odieux, voleurs plongés dans l'iniquité, tous rendent hommage, malgré eux, à la vertu même qu'ils foulent aux pieds.

« J'ai toujours été étonné que chez les Français, qui sont éclairés et polis, on ait souffert sur le théâtre ces maximes aussi affreuses que fausses, qui se trouvent dans la première scène de *Pompée*, et qui sont beaucoup plus outrées que celles de Lucain dont elles sont imitées :

La justice et le droit sont de vaines paroles.....
Le droit des rois consiste à ne rien épargner.

On met ces abominables paroles dans la bouche de Photin, ministre du jeune Ptolémée! Mais c'est précisément parce qu'il est ministre qu'il devait dire tout le contraire; il devait représenter la mort de Pompée comme un malheur nécessaire et juste. Je crois donc que les idées du juste et de l'injuste sont aussi claires, aussi universelles que les idées de santé et de maladie, de vérité et de fausseté, de convenance et de disconvenance. Les limites du juste et de l'injuste sont très-difficiles à poser, comme l'état mitoyen entre la santé et la maladie, entre ce qui est convenance et disconvenance des choses, entre le faux et le vrai, est difficile à marquer. Ce sont des nuances qui se mêlent; mais les couleurs tranchantes frappent tous les yeux. Par exemple, tous les hommes avouent qu'on doit rendre ce qu'on nous a prêté; mais si je sais certainement que celui à qui je dois deux millions s'en servira pour asservir ma patrie, dois-je lui rendre cette arme funeste? Voilà où les sentiments se partagent: mais, en général, je dois observer mon serment quand il n'en résulte aucun mal; c'est de quoi personne n'a jamais douté. » (*Le Philosophe ignorant*, XXXII.)

« Si la bonté morale, dit Rousseau, est conforme à notre nature, l'homme ne saurait être sain d'esprit ni bien constitué, qu'autant qu'il est bon. Si elle ne l'est pas, et que l'homme soit méchant naturellement, il ne peut cesser de l'être sans se corrompre, et la bonté n'est

en lui qu'un vice contre nature. Fait pour nuire à ses semblables comme le loup pour égorger sa proie, un homme humain serait un animal aussi dépravé qu'un loup pitoyable, et la vertu seule nous laisserait des remords. Rentrons en nous-mêmes, ô mon jeune ami! Examinons, tout intérêt personnel à part, à quoi nos penchants nous portent. Quel spectacle nous flatte le plus, celui des tourments ou du bonheur d'autrui? Qu'est-ce qui nous est le plus doux à faire, et nous laisse une impression plus agréable après l'avoir fait, d'un acte de bienfaisance ou d'un acte de méchanceté? Pour qui vous intéressez-vous sur vos théâtres?.... Tout nous est indifférent, dites-vous, hors notre intérêt; et, tout au contraire, les douceurs de l'amitié, de l'humanité, nous consolent dans nos peines; et même dans nos plaisirs; nous serions trop seuls, trop misérables, si nous n'avions avec qui les partager. S'il n'y a rien de moral dans le cœur de l'homme, d'où lui viennent donc ces transports d'admiration pour les actions héroïques, ces ravissements d'amour pour les grandes âmes? Cet enthousiasme de la vertu, quel rapport a-t-il avec notre intérêt privé?.... Celui dont les viles passions ont étouffé dans son âme étroite ces sentiments délicieux; celui qui, à force de se concentrer au dedans de lui, vient à bout de n'aimer que lui-même, n'a plus de transports, son cœur glacé ne palpite plus de joie, un doux attendrissement n'humecte plus ses yeux, il ne jouit plus de rien; le malheureux ne sent plus, ne vit plus, il est déjà mort. »
(ÉMILE, *Profession du vicaire savoyard.*)

V

C'est près du berceau de tous les peuples qu'on voit briller la foi en Dieu, et c'est près de leur tombeau qu'on la voit s'éteindre.

Page 290.

Cette vérité ayant été aperçue de tous les historiens et de tous les philosophes, nous nous bornerons à citer ici le témoignage de quelques écrivains modernes, qu'on ne soupçonnera pas d'être trop prévenus en faveur des idées religieuses.

« Tout bien examiné, dit Machiavel, je conclus que la religion mise en honneur à Rome par Numa, fut une des principales causes du bonheur de cette illustre cité, parce qu'elle introduisit dans son sein d'utiles règlements qui enfantèrent à leur tour une heureuse fortune, et de cette fortune favorable découlèrent tous les succès qui couronnèrent ses entreprises. Et comme l'observance du culte divin est la source de la grandeur des États, de même la négligence pour le culte est cause de la ruine des peuples. Où la crainte de Dieu n'existe pas, il faut que l'empire succombe, ou qu'il soit soutenu par celle d'un prince capable de tenir lieu de religion. Et comme la vie d'un prince ne dure pas longtemps, ses Etats s'écroulent inévitablement sur leur base aussitôt que l'appui des vertus vient à leur manquer. D'où il résulte que les gouvernements dont le sort dépend de la sagesse d'un seul homme sont de peu de durée, parce que cette vertu s'éteint avec la vie du prince, et que rarement sa vigueur épuisée reprend une nouvelle vie dans le successeur. » (*Discours sur Tite Live*, l. I, chap. xi.)

« Je crois, dit à son tour Montesquieu, que la secte d'Épicure, qui s'introduisit à Rome sur la fin de la république, contribua beaucoup à gâter le cœur et l'esprit des Romains. Les Grecs en avaient été infatués avant eux ; aussi avaient-ils été plus tôt corrompus. Polybe nous dit que, de son temps, les serments ne pouvaient donner de la confiance pour un Grec, au lieu qu'un Romain en était pour ainsi dire enchaîné.

« Outre que la religion est toujours le meilleur garant que l'on puisse avoir des mœurs des hommes, il y avait ceci de particulier chez les Romains, qu'ils mêlaient quelque sentiment religieux à l'amour qu'ils avaient pour leur patrie. Cette ville, fondée sous les meilleurs auspices; ce Romulus, leur roi et leur dieu; ce Capitole, éternel comme la ville, et la ville, éternelle comme son fondateur, avaient fait autrefois sur l'esprit des Romains une impression qu'il eût été à souhaiter qu'ils eussent conservée. » (*Grandeur et décadence des Romains*, chap. x.)

« Otez aux hommes, observe Voltaire, l'opinion d'un dieu rémunérateur et vengeur, Sylla et Marius se baignent alors avec délices dans le sang de leurs concitoyens; Auguste, Antoine et Lépide surpassent les fureurs de Sylla; Néron ordonne de sang-froid le meurtre de sa mère. Il est certain que la doctrine d'un Dieu vengeur était alors éteinte chez les Romains... Si le monde était gouverné par des athées, il vaudrait autant être sous le joug immédiat de ces êtres informes qu'on nous peint acharnés contre leurs victimes. » (*Dialogues philosophiques.*)

VI

Je crois que la dernière heure est venue pour bien des nations qui se déshonorent par leur abrutissement ou leurs vices.

Page 292.

A l'égard de cette loi générale, visible et visiblement juste, comme parle M. le comte de Maistre, il est bon d'entendre le témoignage des païens eux-mêmes cité par Bernardin de Saint-Pierre.

« Aucune injure ne reste sans punition. Les histoires de toutes les nations nous en offrent une infinité de preuves.

Elles ont été recueillies par les écrivains les plus vertueux qui sont aussi les plus célèbres : tels sont Homère, Xénophon, Tacite, Plutarque.

« On a écrit la philosophie de l'histoire pour la débarrasser de ses erreurs, on devrait bien écrire la morale pour lui donner un but. L'histoire des nations ne prouve pas moins une Providence que celle de la nature, et il peut résulter des sociétés des hommes une théologie aussi lumineuse que celle des insectes.

« La peine suit le péché, dit Platon. Si elle ne se manifeste pas toujours aux yeux des hommes, elle n'en est pas moins dans l'âme du coupable. Plutarque a écrit sur ce sujet un fort bon traité, intitulé : *Pourquoi la justice divine diffère quelquefois la punition des maléfices*. Il répond très-bien aux objections des épicuriens de son temps, qui, comme ceux du nôtre, rejetaient la Providence, parce qu'elle souffrait les méchants, et que souvent ils prospéraient. Il leur répond que les méchants sont souvent des instruments de la vengeance de Dieu envers des peuples corrompus ; que la vie humaine la plus longue n'étant, par rapport à lui, qu'un instant, il est égal que les méchants soient punis immédiatement après leur crime, ou vingt et trente ans après ; qu'ils sont dans la vie avec leurs remords comme des coupables en prison, la corde au cou, qui, au lieu d'être exécutés le matin, le sont le soir ; que les délais de la justice divine étaient à leur égard un effet de sa bonté, qui leur donnait le temps de se repentir, et qu'enfin cette impunité apparente prouvait l'existence d'une autre vie après la mort, où chacun serait récompensé et puni selon ses actions.

« En effet, ce serait la plus absurde des contradictions, que la Providence s'étendît sur toute la nature, excepté sur la vie humaine. »

Après ces considérations, Bernardin de Saint-Pierre ajoute :

« Comme nous ne développons notre raison que sur son intelligence, nous devons former notre morale sur sa justice. Il est de notre intérêt de nous y conformer; car étant des êtres très-faibles, nous avons besoin nous-mêmes de la clémence de Dieu et de l'indulgence des hommes. (*Harmonies de la nature*, l. VII.)

BIBLIOTHÈQUE IMPÉRIALE IMPR.

FIN.

TABLE ANALYTIQUE

CHAPITRE PREMIER.

droit nouveau, droit fondé sur l'égalité de nature, et par conséquent sur la conscience des peuples chrétiens. On ajoute que, sans le principe spiritualiste et chrétien, qui nous montre ailleurs le terme de nos destinées, la fraternité de notre société ne serait qu'une fraternité sans dévouement; son égalité, une moquerie pour les forts et une dérision pour les faibles; et sa liberté, un plus dur esclavage pour les artisans, les indigents et les prolétaires. On conclut qu'il faut traiter non-seulement des vérités politiques, qui ne peuvent plus avoir de restriction depuis que tous sont appelés à les invoquer, mais encore, et avant tout, des vérités religieuses qui dirigent l'homme intérieur, la partie qui doit subsister après lui.

CHAPITRE II.

On y démontre cette existence, à laquelle le genre humain a toujours cru non-seulement par raisonnement, mais encore par sentiment, et même par une intelligence vive et lumineuse :

1° Par l'existence de la matière, qui n'a point en elle-même de propriété essentielle de ce qui existe par soi-même, en vertu de sa propre nature;

2° Par l'existence des corps vivants et organisés, qui,

bien certainement, ne se sont pas faits d'eux-mêmes ni ne sont de toute éternité;

3° Par le mouvement que la matière, qui compose cet univers, a dans sa totalité;

4° Par l'ordre qui règne dans la nature, et qui paraît si visiblement dans la marche des corps célestes;

5° Par la pensée qui n'a rien de commun avec la configuration, l'arrangement et le mouvement de la matière;

6° Par la preuve par l'absurde, c'est-à-dire par la négation de Dieu qui tend de sa nature à l'extinction totale de nos facultés.

CHAPITRE III.

Sans prétendre entrer dans les profondeurs de son être ni en sonder l'abîme immense, on en donne quelque idée en démontrant que les attributs divins qui ressortent de ce principe fécond d'être par soi-même, et qui éclatent de toutes parts, d'une manière plus ou moins sensible, dans les œuvres de la création, ne sont rien moins que l'éternité, l'immutabilité, l'infinité, l'immatérialité, l'unité, la puissance créatrice, la liberté, la justice et la bonté.

CHAPITRE IV.

Pour se convaincre que notre âme, cette partie de nous-même, qui sent, pense et veut, n'est point sortie des éléments grossiers et corporels, mais qu'elle a été tirée d'un autre principe qui est Dieu, et qu'elle n'est rien de moins qu'une substance indépendante de la matière, d'une nature sensible et raisonnable, on fait voir qu'il n'y a qu'à considérer la figure de l'homme à laquelle rien ne ressemble dans tout le reste de la nature; ou à plonger notre regard au fond de son être, dans ce moi, foyer de son existence, centre de ses idées et de ses sentiments; ou bien à méditer sur l'origine de ses idées les plus élevées, ou sur la spontanéité de ses actions les plus vulgaires.

CHAPITRE V.

Pour se persuader de l'immortalité de l'âme, sans sortir de l'ordre naturel, on y expose les raisons que nous trouvons dans notre âme elle-même, et dont la première, qui nous porte à consentir à une vérité de cette importance, est sa nature immatérielle qui n'a aucune des propriétés du corps;

La seconde, qui nous la persuade davantage, est le désir de l'immortalité que Dieu y a gravé;

Et la troisième, qui a une nécessité inévitable de convaincre, est la notion du juste et de l'injuste qui est sa loi primitive.

CHAPITRE VI.

Après avoir donné de la religion la signification la plus étendue, on prouve contre les déistes que Dieu a dû se communiquer à sa créature intelligente dès le commencement. On démontre ensuite contre les rationalistes que le Christianisme, qui remonte à l'origine du monde, est toujours la forme vivante de l'humanité, et qu'après lui, il n'y a plus de religion possible.

CHAPITRE VII.

Comme on n'a voulu établir ici la divinité de Jésus-Christ que par rapport au miracle de sa résurrection, qui fut le plus éclatant et même le plus étonnant de tous ses prodiges, on y parle de la possibilité du miracle, et de la certitude morale. Après quoi, on fait connaître l'état de la question, et l'on prouve contre Strauss et ses pareils que le témoignage rendu par les apôtres, à la résurrection de leur maître, est irrécusable; et que le nier, ce serait attaquer dans ses bases essentielles le principe même de la certitude.

CHAPITRE VIII.

Des moyens d'accomplir la loi de l'amour de Dieu et du prochain.................... 165

Pour l'accomplissement de cette loi divine, on prouve contre les philosophes le besoin que nous avons non-seulement des lumières de la foi, que Dieu ne refuse jamais à l'âme qui suit la droite raison, et qui fait agir la volonté comme la loi le commande, mais encore des inclinations de la grâce qui opère sur nos âmes et les attire par une attraction spirituelle vers le Ciel; comme aussi de la prière, qui nous met avec Dieu dans des rapports de dépendance, de confiance et d'amour.

CHAPITRE IX.

Pour fonder ou du moins pour resserrer l'unité sociale, on y établit l'unité de l'espèce humaine et conséquemment la fraternité universelle; et cela sous le rapport physique et moral :

Sous le rapport physique, par cette structure, cette forme et cette physionomie dont l'analogie est commune à tous les individus de notre espèce; et aussi par l'impossibilité d'expliquer, contrairement à la doctrine chrétienne, comment l'homme a pu commencer;

Sous le rapport moral, par les facultés qui appartiennent essentiellement à notre nature intelligente, et qui sont la raison, la justice et la perfectibilité.

CHAPITRE X.

De ce que les hommes sont tous frères, il s'ensuit qu'ils sont tous égaux ou qu'ils ont tous les mêmes droits essentiels et primitifs. Mais comme c'est là une question qui tient à l'essence même de notre nature, et aux relations qui doivent exister entre nos frères, on y entre un peu plus avant afin de reconnaître plus clairement encore comment nous sommes égaux selon le droit naturel, et comment nous pouvons l'être selon le droit social et politique.

CHAPITRE XI.

Encore que ce soit de notre égalité de nature que découle notre liberté ou notre indépendance réciproque, en ce sens que nul n'a le droit natif et intrinsèque de nous gouverner, néanmoins, comme la sociabilité, cette autre loi fondamentale de notre être, apporte forcément des modifications à ce droit, on y traite la question non-seulement d'après le droit naturel, mais d'après l'ordre nécessaire de la société.

CHAPITRE XII.

Sans vouloir discuter les avantages et les inconvénients d'aucune forme de gouvernement, on y démontre que le suffrage universel, conséquence des principes déjà établis, est la condition essentielle et fondamentale de l'État auquel il donne naissance, et qu'il peut seul donner de la force au gouvernement et constituer l'unité du corps social.

CHAPITRE XIII.

On y fait voir que le droit de propriété, qui s'étend non seulement aux fruits de la terre, mais à la terre elle-même que le Créateur a voulu nous faire conquérir par notre travail et notre industrie, étant une autre conséquence des principes reconnus et notamment de la liberté, doit rester immuable et sacrée comme la société, comme les immortels principes qui ne sauraient changer au gré de nos passions, ni même de nos législateurs; et que le meilleur moyen de soulager nos frères indigents, c'est de pratiquer envers eux les devoirs de la charité si fort recommandés par les Pères de l'Eglise.

CHAPITRE XIV.

On y prouve que l'enseignement, qui est une conséquence non moins importante que les précédentes, des principes posés, doit s'étendre à tous les enfants de la nation, qui sont des êtres flexibles se pliant facilement aux pensées et aux impressions qu'on leur donne. On ajoute qu'il doit être conforme aux principes de la religion, du gouvernement et de la morale. A ce propos, on a pris soin d'assigner le caractère qui lui est propre.

CHAPITRE XV.

On remonte à l'origine de la société, et l'on démontre, par la raison et par l'expérience des âges, qu'elle doit reposer sur une idée religieuse, et non sur l'intérêt, la force ou l'opinion; si on ne veut la réduire à n'être qu'un cadavre dont l'âme s'est retirée pour toujours, ou un vaisseau sans lest, flottant au gré de tous les vents à travers les écueils et les tempêtes.

PENSÉES DU MISSIONNAIRE.

L'excellence de la nature humaine y est établie par le mot de Dieu, son idée sublime et les rapports de notre intelligence avec la souveraine intelligence : ce qui fait mieux connaître les premières lois de la nature humaine, qui a l'infini pour terme.

Quant aux avantages attachés à la pratique de la vertu, il est dit qu'on les trouvera dans l'amour de Dieu et du prochain, dans l'humilité, dans le sentiment du beau dans ses rapports avec le vrai et le bien, et qui a son type dans l'homme-Dieu, etc., etc.

Ces notes, qui doivent être d'un très-grand poids aux yeux des incrédules, sont relatives à l'origine du mal, à la grande catastrophe qui a bouleversé le globe, aux grandes variétés de l'espèce humaine, à la notion du juste et de l'injuste, à la décadence et à la ruine des nations qui se déshonorent par leur abrutissement ou leurs vices.

IMPR.

FIN DE LA TABLE.

Imprimerie générale de Ch. Lahure, rue de Fleurus, 9, à Paris.

DU MÊME AUTEUR

L'Hôtel des invalides, le tombeau de Napoléon 1er et ses derniers moments.

1 opusc. in-12, orné de gravures. Prix : 30 centimes.

Imprimerie générale de Ch. Lahure, rue de Fleurus, 9, à Paris.

www.ingramcontent.com/pod-product-compliance
Ingram Content Group UK Ltd.
Pitfield, Milton Keynes, MK11 3LW, UK
UKHW021102220726
13924UKWH00005B/2195